破译科学系列

DECIPHERING SCIENCE SE

U0695925

王志艳◎主编

揭秘中国历史
文化谜团

科学是永无止境的
它是个永恒之谜
科学的真理源自不懈的探索与追求
只有努力找出真相，才能还原科学本身

延边大学出版社

图书在版编目（CIP）数据

揭秘中国历史文化谜团 / 王志艳主编 . —延吉：
延边大学出版社，2012.7（2021.6 重印）
（破译科学系列）
ISBN 978-7-5634-3862-4

Ⅰ．①揭… Ⅱ．①王… Ⅲ．①文化史－中国－通俗读
物 Ⅳ．① K203-49

中国版本图书馆 CIP 数据核字（2012）第 160927 号

揭秘中国历史文化谜团

编　　著：王志艳
责任编辑：李东哲
封面设计：映像视觉
出版发行：延边大学出版社
社　　址：吉林省延吉市公园路 977 号　邮编：133002
电　　话：0433-2732435 传真：0433-2732434
网　　址：http://www.ydcbs.com
印　　刷：永清县晔盛亚胶印有限公司
开　　本：16K　165×230 毫米
印　　张：12 印张
字　　数：200 千字
版　　次：2012 年 7 月第 1 版
印　　次：2021 年 6 月第 3 次印刷
书　　号：ISBN 978-7-5634-3862-4
定　　价：38.00 元

前言
Foreword

人类的历史在记录人类发展过程的同时，也留下了不少未解之谜，而这些未解之谜所散发的巨大魅力，像磁石般吸引和刺激着人们，让人们不辞辛苦地去探究其种种真相。

探幽华夏，解读文化深处的离奇之谜。遍访神州，阐释深隐千年的未解之感。本书以一种全新的视角、简明的语言，精练的文字、新颖的版式、精美的图片等多种视觉要素有机结合，解读了源远流长的中国文化，以解谜团、说故事的形式，把中国历史文化等范畴的知识生动地描述出来，在知识含量大的基础上，更具趣味性和可读性。同时，对于数千年来的发生在重要历史人物身上的不解谜团，也给予了大胆的披露和解析。

编辑本书时，我们参考了大量历史文献资料，并在此基础上，对中国文化未解之谜进行全面剖析，深入开掘掩藏于神秘表象背后的真实。将人们感兴趣的疑点与谜题全方位、立体化地展现出来，引领读者进入精彩玄妙的历史世界，使大家在享受阅读快感、学习知识的同时，获得更为广阔的文化视野和想象空间。

愿此书成为青少年朋友们的开启中国历史大门之钥，使青少年朋友阅读此书后，能够轻松地了解和掌握更多的历史知识。同时，通过阅读此书，还能够学会辩证地看待问题，并有助于培养他们的探索精神。

我们在本书的编写过程中，还参考了大量相关著述，在此谨致诚挚谢意。此外，由于时间仓促加之水平有限，书中存在纰漏和不成熟之处，恳请各界人士予以批评指正，以利再版时修正。

目录
CONTENTS

中华民族为什么叫"华夏"

　　汉族的形成和发展，是以华夏为主体，融合他族，不断发展壮大起来的。在中华五千年文明的漫漫发展历程中，随着各民族经济文化上互相交流，互相渗透，终于形成统一的中华民族——华夏民族。"华夏"是中华民族的称号，凡是今天在中华大地上生活的56个民族，都称之为"华夏民族"。作为一名中国人，常常以称自己是"华夏民族"、"华夏子孙"为荣。尽管我们经常这样自豪地称呼自己，但对于"华夏"的由来，却很难给出一个定论，作为一个未解之谜，自古至今，有很多说法。

　　关于"华夏"的由来，上古时代就留传这样一个传说。蚩尤原来是炎帝的大臣，是个很有野心的人，他想独霸天下，于是联合苗氏，想把炎帝从南方赶到涿鹿，自称南方大帝。决定胜负的一战开始了，他们大战于涿鹿的野外。大战时，蚩尤一夫当关，手持长剑，指挥着自己的士兵冲向炎帝的阵营，炎帝部落明显占了上风。不得已，炎帝被迫一面抵抗；一面带着部队仓皇撤离战场，并向黄帝求援。这时蚩尤已向涿鹿进军，黄帝下令重整队伍，两军开始了新一轮的对垒，黄帝心想，只要我和炎帝携手并肩、齐心协力，一定可以打败蚩尤。但他们低估了蚩尤的法力，蚩尤竟然施起了妖法，刹那间，只见天地间扬起一片浓雾，而且天黑得伸手不见五指，炎黄的军队什么都看不见，被打得节节败退。面对一意孤行、制造战争、祸害百姓的蚩尤，黄帝决定奋力一搏，他找到了炎帝商量作战计划，并让人利用太极推测演算，后来又派人到蚩尤的大本营，探听军情，知道蚩尤马上就要反攻再次施妖法。黄帝掌握了战争的主动权。当蚩尤的部队冲上来时，便被炎黄联军团团包围。此时炎黄联军把骨头做的战鼓擂得震天响，使得联军的士气大振，士兵们个个变得更英勇了。最后终于将蚩尤的部落打得落花流水，蚩尤也被

△ 位于陕西省黄陵县城北桥山的轩辕黄帝陵

俘虏。不肯投降的蚩尤被黄帝下令斩首，而炎黄部落最后团结一致，统一了整个中原。从此以后，中原各部落都尊黄帝为共主，炎、黄等部落在黄帝的领导下融合成华夏民族，这就是"华夏"的由来。

还有另外一个关于华夏由来的传说，对此有不同的解释。相传，我国历史上第一个朝代是夏朝。大禹历时数年，成功治水，被舜选拔为继任者。之后他开启了一个清明的历史时代。所以在当时，以禹为代表的夏后族在当时独领风骚，成为盛极一时的氏族部落。又加上夏后族以华山作为自己的活动中心，所以他们又被人们称之为华夏族。这也是为什么禹的儿子建立的第一个王朝叫夏的原因。

今天，对于华夏由来的争论，仍然不断。一些专家学者将众多观点归纳为两类。第一种观点认为，"华夏"是民族的名称。他们认为我国古代以"夏"为族名，"华夏族定居在华山之周，夏水之旁，故而得名。"讲的就是这个意思。"夏"这个名词是由"夏水"得到的。中华民族自古以来就是融合了别的不同的民族而构成的一个庞大的民族。她尽管不是一个单纯的民族，但是在历史的长河中她始终以一个核心民族为中心，逐渐地融合和同化别的民族，形成一种"单元性的多元化民族"，这就是今天的中华民族。在先秦时代，她被称为华族或夏族。而"华"指的是居住在华山，以玫瑰花（华）作图腾的"华族"，"夏"则指的是居住于长江中下游，"夏族"的祖先的夏后氏。华夏民族的称谓，由此而来。

还有一种观点认为"华夏"根本上不是什么民族的称呼，它仅仅指的是一个地域文化概念。而在这个派别中，又有两种不同的解释。第一个派别是这样解释的：遥远的中华民族的远祖们曾经分为三个主要的集团，他们分别是华夏、东夷和苗蛮。在不断的争战和竞争中，黄帝取得了最终的霸主地位，于是他领导的华夏集团成为当时的文化和政治主流，东夷和苗蛮两大集团不得不俯首称臣，被迫纳入华夏文明的圈子里。第二个派别认为，远古时代是以文化高低来定名的。所以，文化高的周礼地区称为"夏"，同样另一个文化高的民族称为"华"。"华"和"夏"合起来，统称为"中国"。相反的，对于华夏周围的四方，由于他们是文化低的地区和民族，所以被称为"东夷"、"南蛮"、"西戎"、"北狄"。后来华夏不断融合壮大，周围四方民族凡是接受华夏文化的，大都纳入了传统华夏文化的范畴，华夏渐渐地就成为我们中华文明的象征了。

尽管现阶段我们还没有完全解开华夏之名由来的谜底，但我们相信，"华夏子孙"将永远是我们每一个中国人自豪的称呼。

中国文字是如何诞生的

很久以来，中国流传着一种说法，认为我们今天使用的文字，是由代表动物和物体或使人联想起自然现象的或多或少具有象征意义的符号组成的。

一个家喻户晓的传说，讲述了伏羲是如何从鸟在雪地上留下的爪痕得到启示的。伏羲给中国制定了法律，被认为是中国文字的神秘创造者。

这个传说还有一种更为复杂的说法，见于唐朝（618～906）的一段文字中。作者说，伏羲有四只眼，能够同时观察天和地。观察天上的魁星和地上的鸟和龟留下的爪印爬痕使他受到启发，从而创造了文字。

△ 殷墟出土的甲骨文

在中国文字形成之初，出现了不同类型的符号，它们逐渐演变，最后形成该系统的"关键"。这种手写的文字开始时的基本因素是图像式的。已知最早的文字形式是画或刻在石头上的人体，如内蒙古阴山上的岩画艺术。

随着时间的推移，这些简单的象形文字逐渐变得风格化。由此而形成了表意文字。表意文字是由描述行为、基本想法和更为复杂的概念的两三个象形符号结合而成的。举例来说，光这一概念，就是将描述太阳和月亮的符号结合起来表达的。

在现代文字中，从这些象形文字发展而来的汉字为数很少，但它们却形成了现代汉字的"词根"，是字典进行文字分类的基础。在19世纪50年代创建的拼音系统，将汉字的标音法转变为罗马字母标音法之前，这种分类法一直在使用。

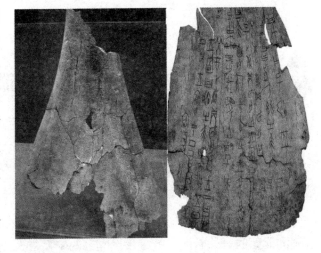

△ 甲骨文

使文章得以记录下来的汉字的出现，可追溯到夏（公元前22～前18世纪）、商（公元前18～前11世纪）两朝的过渡时期。在这个时期，等级制已在中国已经社会确立，国家的权力也得到了巩固。

考古人员迄今发现的10000多块材料——既用于祭祀目的，又用来记录事件或绘制清单的龟甲和磨平的骨头上有大约4000个文字，可用来编制清单。这些古文字，揭示了汉字的创始与演变过程。现已辨认出1000多个文字。在某种意义上讲，它们是"速记图形"，有一定的表达程式，遵循一定的规则：一个词和它的表达法是相互对应的。

在商代，作为文字长时期演变结果的这种书写形式已投入使用。但实际上，按这种方法创造的汉字并未全都保留下来。一些难以表达、没有多少意义或难以记忆的文字，是注定要消失的。相反，那些表达具体概念更为有效、更易于广泛使用的文字，成了一个有着同一文化背景的民族所使用的文字的最早的因素。

水洞沟与史前"宁夏人"之谜

　　从黄河上游的横城古渡乘船东渡，登上岸就进入了宁夏灵武县境。抬眼望去，长城犹如一条匍匐在沙丘上的巨龙，逶迤西下，消失在浩瀚的毛乌素沙漠之中。这里接近鄂尔多斯台地的南部边缘。在长城西南、与长城并行的水洞沟北面的一处断崖，就是举世闻名的宁夏古人类文化发祥地——水洞沟遗址。水洞沟遗址是远古人类生活繁衍，同自然界搏斗的历史见证。它蕴藏着丰富而珍贵的考古资料，向人们展示了距今3万年前"宁夏人"是如何生存的一幅生动的画卷。3万年以前的水洞沟，并不是今天我们所看到的荒漠，不是干涸的河床，砾石沙丘遍布的不毛之地。那时的自然景观近似现在的热带地区，有宽阔的湖泊，绿色的湖水荡漾着粼粼的波光；岸边有一簇簇低矮的灌木，丰茂的水草丛中巨大的犀牛、野马、原始牛和活泼的羚羊正悠闲自得地啃食嫩叶。这里气候温暖湿润，为古人类的生存提供了优良的环境。当时居住在这里的"宁夏人"，尚处于原始群居阶段。青壮年不分男女都要手持棍棒和石器，到湖边、草原上去狩猎。但是他们使用的武器太"原始"了，有时奔波一天，连一只野兽也猎获不到，只好靠挖些植物的根茎或是摘些野果、草子度日。一旦捕获到动物，人们如同过节一样喜笑颜开，勇士们将猎物抬回住地，年长的人剥去兽皮，把兽肉切开分给每一个人。于是大家围坐在一起，点上熊熊篝火，在火上烤食起来。当吃得高兴时，年轻人便披挂上用鸵鸟蛋皮制成的圆形穿孔项饰和耳饰，跳起欢快的舞蹈……遗憾的是，有一天，灾难突然降临了，连绵的暴雨使湖水骤然上涨，惊慌失措的水洞沟人来不及拿走工具，就匆忙地逃离了住地。后来湖水和河流淤积的泥沙把这里的一切深深地掩埋下来。又不知经历了多少年，洪水所带来的沉积物越积越厚，以致填塞了整个湖泊。然而，在它上游的一条小河却不愿停息，终年流

△ 水洞沟遗址

淌。每当洪水泛滥时，巨大的能量将这淹没的湖泊冲刷出一条深沟。今天看到的水洞沟遗址，正是在一条小河北侧高约8米的断崖上。水洞沟遗址是如何被发现的呢？1919年，有个比利时人由银川出发前往陕北，在途经这里的时候发现了一具披毛犀的头骨和一件很好的石英岩石器。1923年法国古生物学家德日进和桑志华在水洞沟发现了五个旧石器地点，通过发掘，获得了大量的打制石器和少量破碎的动物化石，并首先在国外公布了这一发现。当时有的学者把水洞沟同内蒙古乌审旗萨拉乌苏的文化遗物合称为"河套文化"，认为是旧石器时代中期的遗存。

新中国成立后，吸引了许多学者、科学家纷纷来此进行考察。著名的古生物学家、考古学家斐文中和贾兰坡先生，曾三次到水洞沟考察发掘。结果表明这两个地点的文化遗物是不相同的，水洞沟遗址应当属于旧石器时代晚期，经过热释光方法测定，其年代为距今约4万年。经过研究表明，水洞沟遗址的发现比北京周口店早4年，是我国第一个旧石器文化遗址；水洞沟遗址是国外学者"中国没有旧石器文化"论断终结的地方；水洞沟遗址包含了旧石器和新石器两个时代的遗存；水洞沟遗址显示出与欧洲旧石器时代中晚期石器文化的强烈联系；去年中国科学院在水洞沟发掘出来的精美饰品比山顶洞人的饰品早7000年；水洞沟地质剖面的标准程度几乎达到了完美境地；集中、密集、如此完整的文化地层，全国找不到第二家；水洞沟遗址的学术地位、科研价值将越来越重要，其保护意义将越来越大，水洞沟将成为中国旧石器文化第一遗址……截至目前，水洞沟遗址已经出土文物4万多件，其中绝大多数都是石制品。这些石制品大致分两类：一类与欧洲旧石器中期的莫斯特文化和奥瑞纳文化接近，代表物有尖状器、圆头刮削器等；另一类石制品则秉承了华北旧石器时代传统，代表物有雕刻器等。这种东西方文化共生的现象在中国考古遗址里非常独特。就数量而言，水洞沟遗址出土的石制品多数属于前一类，接近欧洲的莫斯特和奥瑞纳文化。通过对水洞沟文化遗址的历次考古发掘，学术界已基本认为水洞沟文化是迄今为止中西方文化交流最东的驿站。

当你来到这里，在断崖的下部，如果仔细寻找的话，你可以从中发现石器、石片、骨骼和灰烬。水洞沟的石器，是用十分坚硬的硅质灰岩打制而成的。这说明水洞沟人已掌握了比较先进的打制技术。他们根据生活需要，打制出各种用途的石器，如制成一侧或两侧有刃的"刮削器"；一端锐利的尖状器；还有沉重的砍伐器。他们制造的石器，器形稳定左右对称。特别是有纵背的定叶形尖状器，在国内同时代的其他遗址中实为罕见，属水洞沟具有显著特征的器形之一。颇具重要意义的是，在水洞沟遗址中，有稍加磨制穿孔的鸵鸟蛋皮饰物和骨锥等器物，标志着人类历史上石器制造方法有着划时代意义的磨制技术已处于萌芽状态之中。最近，水洞沟古人类文化遗址，被列入全国重点文物保护单位。朋友，假如你有兴趣了解史前"宁夏人"的生活，了解那蛮荒时期的瑰丽，不妨亲临一下水洞沟。

悠悠泗州水下城之谜

江苏淮河岸边过去有一古城名曰泗州。在从后周到清初的700余年的中国政治文化史上，这个名字出现的频率相当高，特别是在南宋和金融淮对峙的百余年间，这个名字常常和兵连祸结的征伐以及由此而来的政治大事件联系在一起。300多年前，泗州几乎是一夜之间从地面上消失了、沉陷了。它现在身在何处呢？随着泗洲古城的重见天日，答案离我们越来越近。

一、古城重见天日

在江苏淮安市盱眙县的淮河岸边，人们经常会在泥土中挖到大块的条状砖石，而25年前在建设淮河大桥的施工中更是挖出了大量碎瓦片和成堆的砖石。之后的几年中，又相继有奇怪的事情发生，在淮河北岸的农田中常发现坚硬的石块，使农民们不得不停止耕作。在这处农田北面五百多米处，人们挖掘鱼塘时也遇到了阻碍，挖的时候挖不动，地底下全都是石头。从鱼塘再向北四百多米处的一条清澈的水沟中，巨大的条状砖石也是若隐若现。淮河大桥、农田、鱼塘、水沟四点相连，形成了长2500多米的砖石带。

这就令当地人自然而然地联想到，这些砖石会不会就是古泗州城里的城砖呢？

一部现已流落海外的古籍《泗州志》为人们提供了重要的参考线索。书中记载：泗州城面对淮河，和盱山相距二里远，而盱山正是现今盱眙境内的第一山。由此推断，淮河大桥、农田、鱼塘、水沟连接而成的砖石带应该是泗州城的东南城墙。

二、沉睡的泗州古城

泗州城在世共九百四十五年，在水下淹没了三百二十多年。当地有一种说法，叫做"辉煌九百年，沉睡三百载"。

　　古泗州位居南北要冲，历来是兵家必争之地，几千年来战争不断。而在秦朝末年，楚怀王曾在泗州建立楚王都，举起反抗秦朝统治的大旗。泗州城在历史上规模只有2.46平方公里。它始于北周，唐代建城，当时的规模不是很大。到了宋代，大量的文人墨客会聚在泗州城，再加上当时紧靠泗州城城边的漕运很发达，于是在唐城旁边又建了一座宋城。明代，唐宋两城中间的隔墙被去掉，泗州城扩大了规模，而且周围的土城全部换成砖石结构，周长约合4245米，能够预防水患。据《泗虹合志》载，泗州共五座城门，鼎盛时期城中有街道15条，巷道34条，桥梁16座，有州衙、按察院等官衙建筑11处，儒学署和各种书院8处，医学建筑2处，邮传、驿馆等建筑15处，钟、鼓楼各1座，寺、庙、庵、祠等建筑53处，还有坛、堂、亭、阁12处，表、坊、碑碣等21处。城区有居民9000余户，36000余人，房舍密集，交通便利，商贾云集，是一座繁华的港口城市。城中有十景，即："九岗山形蜿蜒，一字河流环带，灵瑞塔日照，禹王台明月，堤前淮水浮烟，岸对盱山耸翠，浮梁练飞舟影，澜阁涛撼钟声，挂剑召秋风，湿翠堂春霁。"因为它是长江、黄河、淮河的水道中转点，唐宋时的漕运中心，处于非常重要的区域地位，所以在当时非常繁华，有着"水陆都会"之称。

　　它的繁华从苏东坡的诗作中得到了验证。当年苏东坡曾发出"澹涓涓，玉宇清闲。望长桥上，灯火乱……"的感慨。被贬谪中的苏东坡尚能有此雅兴，足以证明泗州城当时是何等的繁荣，然而苏东坡不曾想到的是，他眼中所见的美景在近四百年后竟湮没在这滔滔淮水之下，从此不复存在了。

　　从《重修大圣寺灵瑞塔碑记》的记载中我们也可以对泗州城的繁华略见一斑。它为元代大书法家赵孟所题，讲述了唐代僧伽大师与泗州城的故事。僧伽大师是唐中宗时的国师，被认为是观音菩萨的化身，受到世人无限尊崇。圆寂前曾上书唐中宗，要求死后回归故土泗州。泗州城也为迎接僧伽大师，在南门与西门之间又特意开辟了一座城门，由于曾铺满鲜花，故名香花门，在城中更建有僧伽塔，这也使古泗州成为当时全国闻名的祭祀圣地。现已知泗州城共有五座城门、僧伽塔、灵瑞寺和长桥等建筑，而这些古迹依然静静地躺在水下、深埋在泥土中。

三、陈璋圆壶

陈璋圆壶的发现印证了古泗州城的历史变迁轨迹。1982年2月10日，陈璋圆壶在穆店乡马湖店村出土，精美铜壶中满满盛着36块金币，一只重达19斤的纯金金兽作为盖子盖在铜壶的壶口上。金币种类很多，有汉代的金饼、马蹄金、磷趾金，而一块金币上的文字——郢爰，引起了专家们的注意。据考证，这是战国时期楚国的货币。不同年代的金币集中在一只铜壶中，给这批文物年代的鉴定带来了难度，于是专家们将视线转移到这只盛金币的铜壶上。除了铜壶高超绝伦的锻造工艺令人们感叹外，专家们注意到，壶口边缘处被人小心翼翼地刻上了13个字的铭文，记载了一段历史。这个圆壶原来是燕国的，后来被齐国所获，成为齐国的重器。灭掉燕国后，齐王将这只圆壶赐予了带兵吞并燕国的大将陈璋。但齐国在今天的山东境内，圆壶怎么又跑到了古泗州呢？对此文字中没有记载。看来在陈璋之后，圆壶又有着更复杂的命运。人们只能猜测是在某一种特殊的环境下，主人把圆壶藏起来，后来主人不知所终，这圆壶一藏就藏了2000年。

神秘的圆壶、金币、金兽为本身就神秘的泗州城增添了更为神秘的色彩。而在泗州地区出土的不同年代的文物又在述说着泗州城的文明与繁荣，那么湮没在水下的泗州城中还有着多少奇珍异宝？还有多少的秘密在等待着人们去发现呢？我们现在还不得而知。

四、明祖陵

明祖陵与泗州城相隔仅三公里，它是朱元璋的祖先陵墓。1963年春，由于大旱，明祖陵的石像从水中浮现，沉睡了三百多年的明祖陵重见天日。那么，大明王朝的祖陵为何会建在泗州城边，甘愿忍受洪水的侵袭呢？

史料上明确记载朱元璋的老家是在南京旁边的句容县。后来他们家里逃荒要饭来到了泗州的盱眙县，也就是杨家墩，即现在明祖陵的位置，他们在此安家落户。

出身低微的朱元璋在《帝乡纪略》中明确认定自己出生在泗州盱眙。早在夺得天下之前，泗州城还在元朝军队的控制之中时，朱元璋就曾发出"有国无家"的无限感慨。1361年，朱元璋收复泗州，回到了自己的出生之所和祖坟所在之地。即将成为天下之主的朱元璋岂肯让其祖父一领草席裹体，丢在旷野赤土之下，因而决定修建祖陵。因此，古泗州成为大明王朝的龙脉所在，而修建祖陵不仅是为了祭祖，更企盼祖先能够保佑大明的江山万代永存。

祖陵建成之后，随着祭祀活动不断，泗州还成立了专门负责祭祀活动的管理机构，这使得古泗州在明代又有了加倍的繁荣。这不禁令人们疑惑，明代龙脉选址在此，泗州城又怎会轻易被洪水吞没？

五、泗州是怎样被淹没的

泗州城的消失和沉陷，不是由于金戈铁马的蹂躏，也不是遭遇大火涂炭，而是因为一场水灾。

泗州素有水国之称，几百年来水患不断。特殊的地理位置决定了其始终在遭受洪水的威胁。泗州城处在第一山和冲积平原的边缘地带，是一个低洼的地方。从宋朝开始，黄河决口侵占淮河，黄河的大水淮河无法承受，因此泗州城水患不断。黄河夺淮后，泗州城被淹14次，都没有遭受永沉水下的灭顶之灾。《盱眙县志》中清楚记载着泗州城被淹没的历史："清康熙十九年（1680），夏秋，大雨，州城水深数尺。"正是这一场大雨最终淹没了泗州城。然而凶猛的大水并没有彻底毁掉这座曾有着九百年辉煌的古城。到康熙二十五年（1686），黄淮再度大水，泗州城终于永沉水底。

史料记载，泗州人曾进行过一次中国历史上罕见的填高城中地面的伟大创举。然而人们的精神并没有感动上天，终究没能抵抗住暴涨的洪水，只好组织撤离，逃到了地势较高的第一山，在这里继续守望着自己的家园，而泗州的州属衙门在第一山上还曾坚持办公长达97年。

泗州城淹没于水底已经三百多年了。泗州城的沉没，是一座近古繁华城市的消失，也是中国历史上桑田变沧海的惊心动魄一幕。三百多年后的今天，我们重新追忆泗州城被洪水肆虐浸淫吞没的历史，也是对洪水中罹难祖先的深深拜祭……

"王母娘娘"真有其人吗

　　小说《西游记》的第五回"乱蟠桃大圣偷丹"，跌宕起伏地描述了孙悟空搅了蟠桃宴的故事，戏曲《天仙配》又缠绵悱恻地演绎了七仙女下嫁凡夫董永的传奇。蟠桃宴是由西王母，即民间俗称的王母娘娘举办的，七仙女则是王母娘娘与玉皇大帝所生的第七位千金。在我国很多古籍、神话传说中，西王母的故事绵绵不绝，从《山海经》到汉书、明史等都有关于西王母的记载。西王母在民间又被称为"王母娘娘"，是一位拥有至高权力、雍容华贵的女神。

　　有了这样的背景，王母娘娘便成为一位知名度极高、在中国几乎是家喻户晓、妇孺皆知的神仙。我国一些学者、专家研究认为，被赋予了浓厚神话色彩的西王母在历史上确有其人。

　　一、王母娘娘究竟是哪方神圣

　　先说称号，祖国大陆民间称她是瑶池金母、天母、西姥，在中国台湾，民间又叫她母娘。道教把她奉为女仙的老祖宗、元始神灵，尊她为九天元女，太真西王母。拥有了这么多的尊号，自然要神通广大、法力无边。于是，便传说她擅长驻容之术，能永葆青春，还有不死之药。那个曾射下九个太阳犯了天条、气得天帝非要宰了才能解恨的后羿，就曾向王母娘娘求得不死之药。可惜这药被他的夫人嫦娥给偷着吃了，丢下他自个儿升天奔月去了。又说她蟠桃园里的桃子三千年结一次果，吃了即可长生不老，汉武帝刘彻好道慕仙，梦想能够不死，王母娘娘便曾飞临汉宫，赏赐给汉武帝五枚仙桃。那么《西游记》、《天仙配》里的故事，自然也属于这一类的神话传说了。

　　二、王母娘娘什么模样

　　王母娘娘既然是一位超级神仙，人们便要塑造金身顶礼膜拜。那么，王

△ 王母娘娘壁画

母娘娘又是什么模样？说来有趣，在《山海经》里，王母娘娘被形容为一个豹尾、虎齿而善啸的怪物，一点也不好看；在《穆天子传》里，周穆王骑着八匹日行千里的骏马去拜谒王母的时候，她又成为一个雍容平和、善唱歌谣的贵妇人；而在《汉武帝内传》中，又把王母娘娘描绘成了年约三十，不高不矮，不胖不瘦，天生丽质，容颜绝世的佳人。这么美丽的女神，没有丈夫是很遗憾的，于是在《神异记》里便说，王母娘娘住的西华"回屋"，有一只叫"稀有"的大鸟，一翼遮"东华"，一翼遮"西华"，王母娘娘每年有一天在鸟翼上与东华公相会一次，这位东华公便成为王母娘娘的丈夫。不过，还有一种说法，便是王母娘娘乃是玉皇大帝的夫人，生养了七个女儿，第七个女儿下凡便有了一出《天仙配》。

三、王母娘娘的发祥地在泾川

有了这么多的神话和传说，又都很悠远古老。那么在人间，西王母的遗存，总该有一点踪迹可寻吧。于是，这个西王母的西华天地，便落在了西北黄土高原甘肃省所辖的泾川县。

泾川县城傍着泾河，县城西郊一华里处有一座树木葱茏的小山，这便是西王母的发祥地。传说"回"是西王母的俗姓，这座小山也便称作回山。山不高，正视犹如一座天然的金字塔，侧看则显现出一派西方白虎之象。始建于汉武帝元封二年祭祀王母娘娘的王母宫，就高高的建在山顶上。宋、明、清几朝屡毁屡建，现在的西王母大殿和其他几处景点，则是1994年在废址上重建的。供奉于正殿的西王母，左有青鸟，右有白虎，一副端庄祥和美丽的贵妇人形象。

四、考古证实：确实存在王母娘娘其人

研究昆仑文化的学者李晓伟则说："事实上，被无数神话光环笼罩的西王母并非天仙，而是青海湖以西游牧部落的女酋长。"

五、"西王母国"疆域辽阔

一些学者、专家经过多年的研究和实地考察发现，距今3000～5000多年前，存在过一个牧业国度——西王母国。其疆域包括今天青藏高原昆仑、祁连两大山脉相夹的广阔地带，青海湖环湖草原、柴达木盆地是其最为富庶的中心区域。据考证，西王母古国当时的"国都"就在青海湖西畔的青海省海西蒙古族藏族自治州天峻县一带。

六、"西王母"是古老郝藩女酋长

青海师大地理系张忠孝教授在其有关署名文章中说："值得说明的是，西王母既是一个古老部落国家的称号，又是古国女王的尊号，代代相传。"

古国早已消失在历史的漫漫尘烟里，然而仍为后人留下了它曾经存在的蛛丝马迹。天峻县西南20公里处，一座独立的小山西侧有一处深十几米的山洞。据学者考证，这是5000多年前西王母古国女首领的居所，已命名为西王母石室。石室内有千姿百态的岩画和过往僧道题写的经文、绘画。石室对面曾建有西王母寺，已经坍塌为平地。文物考古工作者在这里发掘出土了有"长乐未央"、"常乐万亿"铭文的汉瓦当等珍贵文物，说明西王母寺遗址当属汉代，从而证明早在汉代人们已公认此石室与西王母有着不可分割的联系。

李晓伟认为，西王母时代是一个母系氏族社会，同时也是图腾崇拜时代。在青海省大通县上孙家寨村发掘出土的马家窑文化类型的五女牵手舞蹈彩陶盆，女的形象是虎齿豹尾，正是西王母时代图腾的标志。据碳-14测定，其年代在5000年前，与西王母时代相吻合。

现存古籍证明，两晋到明清乃至民国，青海草原地区、昆仑山南北有大量的女王部落存在，苏毗部落是最有名的一个。

阴山山脉，主要由地处内蒙古西部的大青山、灰腾梁山和狼山构成。西起阿拉善左旗，中经磴口县、乌拉特前、中、后三旗，东到包头、呼和浩特市所在的土默川，屏障千里。山脉南北宽40～70公里。古代，阴山南北是广阔的草原，匈奴、鲜卑、乌桓、敕勒、突厥、回鹘、党项、契丹、女真、蒙古等北方游牧民族先后在这块土地上共同创造了灿烂的古代文化。岩画，就是这些游牧民族敲凿、磨刻在岩石上的各种图画，具有独特的民族风格和艺术特色。阴山岩画的发现，为研究我国古代北方各游牧民族的历史提供了丰富的形象资料。

阴山岩画可分为以下几组：一、最古老的岩画，应属于原始社会，即新石器时代到青铜时代，大约相当于中原地区的夏、商、周时期；二、属于匈奴风格的岩画，大约相当于东周至西汉时期；三、属于突厥风格的岩画，大约相当于六朝至唐代；四、属于党项和蒙古族的岩画，大约相当于两朝至明清。

阴山岩画的内容很丰富，仅在巴彦淖尔市境内就有六万余幅。它从各个侧面反映了当时的社会现实和生活面貌。各种各样的动物图形，古代猎人的情况，游牧民族的衣食住行和征战情景以及天体神灵、祭祀、舞蹈都有反映，构成了绵延数千年的历史画卷。有的岩画磨刻着汉文"大唐"字样，有的则磨刻着藏、蒙和西夏文字，留下了北方各少数民族的生活轨迹，是举世罕见的珍贵的古代民族文物。

一、乌拉特后旗岩画

在巴彦淖尔市乌拉特后旗巴音宝力格镇以西四公里的大坝口、大巴图两地的山上，有着大量的古代石刻图像。图像中，有人头像、全身人像，有牛、马、羊、驴、骆驼、狗、虎、鹿等动物像。还有千名骑兵的八路纵队向西行进的行军图。在这些图像中，无论是人物或是动物，都各具神态，栩栩如生。骆驼站立稳健，昂首远视前方；母马以慈祥的神态叫小马驹吃奶；猛虎跳跃、追逐群狗，大狗

△ 阴山岩画

带领一群小狗奔逃；三只梅花鹿以公、母、子为序，疾速奔驰，母鹿回视后方，显出担心小鹿被逐的样子；小狗和小羔羊玩耍……各种情态，难以尽言。

大坝口的山石青黑，质地坚硬，不易刻画，所以图像较小，但没有风化脱落，图形至今十分清楚。

达巴图的北山是青石、白石大山，岩画刻在此前小红山的阴面。小红山是红砂岩，岩石形成了巨大的天然画面，因为红岩石比较松软，易于刻画，所以这里的图像较大，小者一尺，大者五尺。

二、狼山岩画中的行猎图与舞蹈图

狼山地区描绘行猎的岩画，数量最多，图像简繁不等。有单人行猎的，也有双人行猎的。猎人所用武器主要是弓箭，也有棍棒。行猎图中，突出的一点就是猎人必有所获，这正是反映了猎人的心愿。在磴口县与阿拉善左旗交界的托林沟一带凿刻的行猎图像最多。沟北一座小山背后的石壁上所刻的一幅行猎岩画，画的中央站着一位臀后系尾的猎人，挽弓搭箭，正对准前面的野兽，周围还有许多动物等待他去捕猎。

在乌拉特中旗西地里哈日山的山顶石壁上，有一幅围猎画，画的左边，上中下刻了三个引弓待发的猎人，上下两个有尾饰，都射中了野兽，中间一人在瞄准猎物；画的左上角有一猎人，也射中了一只野兽，并且用脚踩住。

左下角立着一位妇人，好像在盼望着猎人的归来。这幅画的意境已超出行猎范围，大大缩小了空间距离，已不同于一般的表现手法了。

在围猎图中，猎人们将野兽团团围住，还在围猎外刻着一些守卫者，以防野兽逃脱，这既是实际写照，也说明当时的创作画者的构思已相当严密，富有艺术感染力。

狼山岩画中的舞蹈场面到处都能见到，有单人舞、双人舞、集体舞。动作比较简单，呈双臂上举，或双臂升开、双腿叉开。磴口县额勒斯太沟南口的一幅舞蹈中，有一舞者双手叉腰，双臂弯成弧形，足尖着地，舞姿优美，比较少见。在山色秀丽、风景优美的山沟中，一些向阳的巨石上，每每凿刻着幅幅舞蹈岩画，充分表现了古人在自然景色的诱发下表露自己欢悦的心情。托林的中段西边，有一条叫做持买撒拉的小沟，沟内有许多水清不涸的小潭，水平似镜，山色秀丽，在这一地段的石壁上刻了一幅原始舞蹈图，画的中央有四个系着长尾饰、牵动手臂而舞的人形，动作一致。乌斯太沟的支沟格和撒拉中的一幅舞蹈岩画，则是祭祀仪式或庆功仪式的表现。

三、"人祭"再现

在乌拉特中旗达令沟和磴口县撒拉崖壁上，刻有杀人以祭的场面，而证实了我国北方古代游牧民族也有杀人致祭的古俗。

画面中，舞人用热烈欢快的舞姿，向神献祭供品。对待作为供品的牺牲者，就像处理野兽一般。画中的牺牲者，身手分割开来，血淋淋地抛掷于舞场。人们以舞蹈和牺牲取悦于神灵。

这种古老的习俗，应当被看做生产力发展到一定阶段在社会性质方面的反映。考古研究表明了这种古俗曾得到世界性的传播。在俄罗斯拿河下游的远古部落中，在出征之前就存在着宗教式的杀人：把本部族中的一人或祭品性质的奴隶"战神"杀掉。北美印第安人"男子秘密结社典礼时"，杀人致祭情况类似于奴隶致祭传统。此时，在萨满教、犹太教以及印度恒河流域的土俗宗教祭祀典礼时，都流行过此类古俗。

见于内蒙古阴山岩画的这种古俗对后来历代游牧民族有深刻的影响。譬如，契丹人捉到敌人，常以"射鬼箭"的方式将其处死，祭祀神灵。

东方"石棚"之谜

考古学者发现的分布于世界各地的劣石、环石、积石墓等巨石建筑，被统称为"巨石文化"，石棚也是这些巨石建筑的一种。而石棚在地域分布、时间跨度、形式种类上都表现出独特性。所谓"石棚"，一般指几块大的石板或者石块竖立于地面作为壁石，上面覆盖着巨大石盖的建筑物。法国《人类学辞典》解释说，在三块或四块巨石上，支上扁平的巨大天井石，所以称为"石桌"。法国俗称"仙人之家"或"商人之桌"，比利时称为"恶魔之石"，德国称为"巨人之墓"，葡萄牙称为"摩尔人之家"。而在中国东北，一般习称"姑嫂石"，因为在农村有"姑嫂修石升天"的传说。

中国的石棚在东北的辽宁、吉林和山东、湖南、四川都有发现，尤其以辽东半岛居多。日本学者鸟居龙藏曾经专门考察过中国东北的石棚，认为"中国有无石棚迄今尚无调查报告。中国考古学界，对于史前陶器之研究颇盛，而对巨石文化研究，则尚付阙如，实属遗憾"！

那么石棚到底何时产生的，它的用途究竟是怎样的？考古学家们对此进行了深入思考和激烈争论。有专家认为石棚是一种宗教祭祀建筑物，还有的认为它是坟墓的一种形式，还有一些专家认为它是古代氏族社会举办各种活动的公众场所等。但是我们目前对石棚的了解，还仅限于传说、推测的层面上，它依然是一个谜！

辽宁省盖县石棚山遗址的石棚，盖石长达8米多，宽约6米，厚0.45米，重达几十吨；石柱高达2米。壁石与盖石衔接的极其吻合，有些地方沟槽和基石紧密相扣。难以想象在几千年前的新石器时代，人类是如何造就这样的巨型建筑的！

营口市南部石棚山上的石棚虽然已经经历过4000多年的风吹雨蚀，但是仍然矗立在山巅。营口地区保存最完好的石棚由6块石板搭建而成，高2.6米。上覆巨石长8.6米，宽5.7米，厚0.7米，重达60吨以上。根据调查，此地方圆数十里以内并不出产搭建石棚所用的巨石。那么，这巨石又是来自于何处？经过怎样的打制，靠什么力量运输，以什么样的智慧搭建？石棚对于人们而言，是难得的历史瑰宝和独特的文化遗产，它充分体现了先人们的勤劳和智慧。

析木石棚位于辽宁省海城市析木镇姑嫂石村，西侧为海岫公路、海岫铁路，东、南、北侧则为连绵的山岭。石棚呈长方形，是由六块花岗岩石石板组成，其中包括四块巨大石板为支架，一巨石盖和一块铺地石。石棚整体高出地表2.8米，坐南偏东36度。南北长6米，东西宽5.1米，石板平均厚度0 47米，重约十几吨。其上盖四周均探出四壁支石外，与四壁支石相接的石板面格外平整，背面的石板面凹凸不平。构成"姑石"的六块石板均经过精细加工。在巨石盖、东西两壁都有加工痕迹的凹槽，特别是南壁支石的上端，有较为规整的两排小圆窝，系人为加工而成。这些圆窝最小直径为0.04米，深0.02米。

1964年，辽南文物普查分队在析木石棚西壁支石下部挖一个小坑，在深约0.4米处，发现了石块和沙土，但尚未碰见西壁支石的底部。在北壁支石的西端挖出一个小坑，在深0.7米处才看到里面的沙土。并且在两壁的小型探坑内，还发掘出黑褐色夹砂粗陶和滑石陶器物残片，均素面无纹饰。

在辽南地区的复县铧铜矿石棚、双房二号石棚、庄河扬屯石棚等，曾分别出土过人骨、磨制三棱石镞、石纺轮、夹砂红陶器等。这些大量的出土器物为"石棚墓葬说"提供了实物证据，有些专家指出：石棚有的三三两两地修筑在一起，还有的与大石盖墓、积石墓为伍成群。如果石棚是宗教祭祀建筑物或氏族活动场所，有一两个即可，何以要三四个或更多，甚至成群？据此分析，石棚可能是墓葬而石棚群可能是石棚墓群。可见海城析木石棚也应属于墓葬范畴，析木石棚应为地位很高的奴隶主贵族或德高望重的部落酋长墓地。

在当时既无起重、吊装和运输设备，又无其他动力来源的情况下，人们是如何把这六块巨石运上山顶并组架起来的呢？这个疑问如同古代埃及的金字塔建筑之谜一样令人费解。据推测，古人利用力学原理将巨大的石料用圆木滚杠运到施工现场，遇上坡时则用撬棍逐渐搬运，而冬季则可利用冰雪条件滑行；或者将运来的石板，先将底石铺好，再立侧石，内外填土，一直将土埋到立石上端，形成坡度较大的土丘，如同人们所知晓的鲁班故事中的"土屯法"。土丘屯成后，再将上盖石用滚木推、拉、滚，架到立石上，然后撤去填土，石棚即告完成。

据考证"姑石"南侧石板的裂纹正是后人所为，而站在"姑石"旁不远处的传说中嫂子变成布谷鸟的石棚又在何方？专家说："'嫂石'修路时被炸毁了，而'姑石'石板上的裂纹是盗墓的人干的。"原市博物馆馆长张喜荣说："1987年5月20日，析木石棚遭到人为破坏，石棚南侧石板碎成七块，这正是盗墓者所为。1990年，石板重新修复。"他还说，"20世纪50年代，建在山下的'嫂石'因修路被炸毁，现地下仅遗存北壁支石底部残迹，地表已无迹可查。"

棋盘山的石棚墓位于瑞安市马屿镇石村的棋盘山上，棋盘山南北走向，一面山峦，三面水陆环抱。西边是马峁山及背后连绵起伏的群山，东边是石村的屋舍。棋盘山的南端分成了东西两个山头，石棚墓就在这两座山峦之巅。棋盘山的石棚墓原共四座，现今尚存两座，相传天上八个神仙云游至此下棋留下的，所以村里人都称为棋盘岩，或许棋盘山因此而得名。

这里应该有两座紧紧相邻的石棚墓，南边的只剩下两块开裂的石块。遗留下来的石棚墓，墓石略显狭长，长约4.2米，最宽处2.6米，最窄处1.3米，厚约为0.5米。根据推测判断，这个墓的墓石四周原先有离地1.3米左右的支石，墓石如今已向东北倾斜。东面的支石均被挤压倒伏，正西边斜靠的一块支石在独力支撑着。墓室的地面已被人踩得一点也看不出墓室的迹象。这样笨重的巨石从哪里来，又是如何被人安放在支石上的呢？石棚墓，你给人们留下了太多的疑问！

喇家村史前大灾难之谜

　　喇家村遗址位于青海省民和县南部黄河北岸二级阶地前端，这里地处青藏高原边缘，海拔相对较低，气候较为温暖。喇家村如今到处散落着新石器时代的陶片和石器，就连那些干打垒的厚墙里，也包容着许多的陶器碎片，有时还夹杂着石器和玉料等物件。

　　喇家村遗址因早年出土齐家文化大型玉璧和玉刀而被发现，许多这样的文物都悄无声息地流失了。也正是这些古时的礼仪重器、现代的昂贵玩具，将人们的注意力引导到了这座古代遗址上。

　　在很多喇家村民的家中，都有他们收藏的古物。村民但凡动土，都会发现古物，他们对此司空见惯，世世代代没有觉得这方土地有什么不同。但对考古学界来说，意义就十分重大。长期以来，人们一直认为中国的西北地区贫穷落后、文明不发达，而"喇家村遗址"中大量而精美的文物，证明了4000多年前的史前时代，黄河上游地区就曾经有古人类活动，而且也说明他们还创造了相当灿烂的古文明。

　　也正因为如此，一个巨大的疑问出现了。从考古证据来看，在4000年前左右这一地区的人类活动突然消失了，是什么让喇家村地区的文化离开了历史发展的中心舞台，喇家村地区恐怖的史前灾难究竟是什么原因造成的？整个黄河上游及西北地区史前文明的衰落，是否和喇家村文明的消失有着相同的原因呢？

　　解答这个疑问的关键落到了喇家村出土的大量的史前人类尸骸。村民们经常从农田里挖出死人的尸骨，而且这些尸骨大多身首异处，既不像在墓穴中，也不是在某种特定的环境里，而是随意裹挟在泥土之中，这究竟是什么原因造成的？

△ 喇家村遗址

　　1999年秋，考古学家在喇家村遗址进行了一次小规模的试探性发掘，意外发现一段又深又宽的壕沟。这是一处前所未见的拥有宽大环壕的齐家文化大型聚居遗址，面积在20万平方米以上。遗址内埋着当时的一些房屋建筑，壕沟内外还有同时代的墓葬发现。对照遗址过去出土的一些重要器物，这里可能是一座史前时代的城堡，也许是当时盆地里的一个政治和经济中心，或许是一个小小王国的所在地。

　　2000年，在喇家村遗址的发掘中，考古学家又有了才意外地发现。在喇家村遗址东北角发掘出四座齐家文化房址，这些房址都是半地穴形，保存的墙面不高且都抹有白灰面。这样的建筑并无奇特之处，但们惊奇的是其中三座房址内都发现有死亡的人类遗骸！

　　在喇家村遗址房址中发现的这些死者，死时状态各异，年龄不同。考古学家根据检测鉴定，确定了3号和4号房址内死者的性别和年龄，两座房址内抱着孩子的长者都是女性，年龄都在30岁上下，她们应当就是孩子的母亲；4号房址母亲怀中的孩子只有1~2岁；3、4号房址的16人中鉴定确认男性的只有3人，其中两人都在18岁以下，只有1人年过40岁。

4号房址内发现人骨多达14具，这是典型的齐家文化白灰面半地穴式建筑，面积14平方米左右，门朝北开，中心有圆形灶址。14具人骨呈不规则姿态分布在居住面上，他们姿态多种多样，有匍匐，有侧卧，有相拥而死，有倒地而亡。西南部有5人集中死于一处，他们多为年少的孩童，其中有一年长者似用双手护卫身下的4人，5人或坐或倚或侧，头颅聚拢在一起。站在中间火灶部位的小伙子举起双手，像是要托起就要倒塌的房顶；门口的中年汉子像是要挡住什么，结果被冲倒在地；靠西壁是斜倚在地上的母亲，怀里是刚满周岁的婴儿；东南角有5人相拥在一起，有一位壮年人护卫几个未成年的孩子；西北角也是5人在一起。

在相距不过2米的3号房址中是一对母子的遗骸，两人死时的位置也是在房址的东墙边，母亲双膝着地跪在地上，臀部落坐在脚跟上，用双手搂抱着幼儿，幼儿依偎其怀中，双手也紧搂着母亲腰部。在4号房址东面不远的7号房址中，也发现一对母子，母亲也是坐在地上，用她的身体保护着孩子，最终还是双双死于非命。这封存了4000多年的一幕悲剧，现在看来依旧是惨不忍睹。

这究竟是天灾，还是人祸？到底是什么原因夺去了这么多无辜的性命？中国社科院考古所的王仁湘研究员在一次报道中认为，喇家村遗址的这次发掘，发现了很难见到的史前时期的一次大灾难的现场，让人们看到了4000多年前母亲以身佑子的深情。

据学者们推测，最有可能是一次特大洪水的侵袭夺去了这许多无辜者的生命。这一块地方依现在的地势看，比较高一些，也许是当时躲避洪水的最后高地。洪水大概来得非常凶猛，人们连抗拒的办法都还没有想出，灭顶之灾就降临了，从他们死亡的状态可以想象到他们绝望的表情，尤其是无可奈何的母亲，她们搂着自己的骨肉死去，悲楚之状，不忍目睹。

北京大学环境考古学专家夏正楷教授考察了喇家村遗址的古环境状况，他看到发掘出的几座房址内都充填有大量棕红色黏土层，中间还夹有波纹沙带，认为这都是黄河洪水泛滥的产物。他推测洪水泛滥时，汹涌的洪峰涌进了居民的半地穴式建筑，淹埋了滞留在房子中的妇女儿童。在调查中他发现，喇家村所在官亭盆地的黄河二级台地上，都有棕红色黏土层发育，这是黄河主流泛滥的结果，由此他推测盆地在4000~3000年前处于洪水多发期。夏先生认为这个发现表明古人类在突变灾难面前的无能为力，也为研究黄河与黄河文明提供了难得的科学资料。但也有人认为这些死者生命的突然丧失有宗教及其他原因，随着喇家村遗址的不断发掘，可能还会有更多的相关迹象发现。

喇家村遗址可能就是在那场突如其来的灾难中毁灭了，从出土的大型石磬和玉刀、玉璧分析，这个遗址在当时并不是一个普通的原始村寨。在民和县博物馆里，王仁湘研究员观摩了喇家村出土的大型玉刀和玉璧，想象着它们主人的威严。据说，有时在一个死者的身上就发现多件这样的玉璧，这让人想起长江下游良渚文化中曾有类似发现，说明它们之间有着相同的宗教仪式，所以就有形状相同的一些玉礼器。

王仁湘研究员还发掘了一件大型石磬，它可能是一座墓葬的随葬器。石磬采用一块板材制成，方方正正，长96厘米、宽61厘米、厚6厘米左右，它是目前中国考古所见最大的磬，是黄河磬王。它仿制同时代长方形石刀的形状制成，与传统所见的弓背曲尺形磬不同。

喇家村遗址巨磬的发现，在很大程度上提升了遗址的等级，它是遗址作为中心聚落乃至是一个古国城堡的一个重要标志。中国史前时代末期就已出现了磬，它在早期应是一种礼乐器。山西襄汾陶寺遗址3015号墓曾出土一件打制石磬，长度达到80厘米，在当时已是巨磬。陶寺大墓中一般都有与鼍鼓共存的石磬。这两种乐器在商代王陵和方国首领墓中也曾有出土，它们是王室和诸侯专用的重器。这使一些学者有理由认定，鼍鼓和石磬应当是文明形成的一个重要表征。喇家村遗址磬王的主人或许只是一个小国之君而已，但他所占据的也是一个王位，他所拥有的也是君王的权威。

一场大灾难突然毁灭了一座城堡，夺去了许多的生命，喇家村遗址的发掘让人们真切感受了那场发生在黄河岸边的史前大灾难。对它继续的发掘，也许会让人们了解更多的先民留下的谜。

公主堡之谜

一千多年前的中国高僧玄奘在其《大唐西域记》里记载了一个传说：很久以前，有一位汉族的公主远嫁波斯王子。当送亲的队伍途经某个地方时，突然遇到匪乱，使者和卫队为了保护公主，就近找了一个陡峭的山冈，把公主安顿在上面，四周严密把守以保万无一失，每天的饮食专门用一根绳子吊上去。过了不久，匪乱渐渐平息，护亲使者恭请公主重新起程，这时却发生了一件令人难以置信的事情：公主居然已怀有身孕！

令人匪夷所思的是，这件事连公主自己也说不清楚。后来公主身边的侍女说，公主困在山顶的时候，每天都会有一个骑着金马的王子，从太阳中来到山上和公主幽会，公主肚子里的孩子就是"汉日天种"。这个解释肯定是波斯王子不能接受的，可是公主也不能这样回娘家。忠心的使者只有一个选择，就地安营扎寨，在山顶上"筑宫起馆"，把公主正式安顿下来，并拥立为王。使者和卫兵们则在山冈附近的帕米尔高原上就地开荒种粮。第二年，公主生下一个相貌伟岸的男孩，自此以后繁衍生息，成为玄奘途经的"羯盘陀国"的祖先。

当年这位公主避乱的地方，如今则被称为"公主堡"。

这座有着神奇传说的公主堡，是学者们考察玄奘东归古道的一个非常重要的证据。因为根据玄奘的《大唐西域记》，他本人曾经过这个地方，而且又由这里到达了羯盘陀国的都城"石头城"。那么"公主堡"到底在哪里？这个四面陡峭的山冈上面是否还筑有一个浪漫小巢？"汉日天种"的传说又蕴藏着几分真实的历史？

英籍匈牙利人奥雷尔·斯坦因是当年足迹踏遍中国西部的探险家，他把玄奘当做他的保护神。他曾拿着玄奘的《大唐西域记》，走遍了从印度到新

△ 公主堡遗址

疆整个中亚腹地，为我们揭开了一个又一个千古的谜团。但同时他也以玄奘之名，从王道士手中，将敦煌藏经洞无数的宝藏骗到了大英博物馆。

约100年前，斯坦因再一次怀揣《大唐西域记》，来到中国新疆西部的塔什库尔干。他登上了一个叫克孜库尔干的山冈，并且断定，这里就是浪漫故事发生的地方——公主堡。斯坦因说，玄奘的记载没有错，这是一个有着古老历史的古堡，它的时代甚至可以追溯到故事发生的时代。他同样在克孜库尔干的附近发现了大量古代垦殖的遗迹，由此证明，这里曾经是塔什库尔干古代先民居住的地方。

1972年，考古学者王炳华也登上了公主堡。他用饱含深情的文字记载了此次帕米尔之行，不过他的简短考察使得公主堡的浪漫氛围大打折扣。他很认真地用碳-14鉴定了当年斯坦因认为应建于汉朝的城墙遗迹，最后他惊奇地发现，这个城墙的历史只有区区300年，也就是说，在清朝的时候这里还是屯兵所在。

难道是号称"中亚通"的斯坦因当年犯了一个严重错误，还是美妙的传说跟我们开了一个不大不小的玩笑，这里究竟是不是传说中的公主堡？历史往往是像河床一样层层累积的，在公主堡的神秘历史上，斯坦因的冒险和王炳华的考察又为之覆盖了一层厚重的现代沉沙。

克孜库尔干山冈的海拔约有4000米高，山势非常陡，山坡上布满了流沙和碎石，但是神秘的公主堡始终吸引着每一个怀有探索之心的人前往那里。

在斯坦因当年的考察报告中说："沿着河左岸狭窄的小径，完全被克孜库尔干的岩石山壁控制住了。它们高耸在小径之上，如此陡峭，以致只要发明一些绳子之类的装置，就能使守卫的人直接得到河水。"

斯坦因在他简短的考察过程中，还画了一个很清楚的地形图。1906年5月30日，斯坦因是从西方阿富汗的瓦罕走廊方向过来开始攀登公主堡的。当年陪同斯坦因攀登这里的年轻向导没有登上公主堡，斯坦因说："在当地人心目中有一种迷信，使他们害怕到这废墟中来。"据斯坦因说，山坡上除了碎石，还有散落的零零星星的枯枝碎块，被岁月漂得雪白，时常在青灰色的石头中显露出来，形同枯骨。这在海拔近4000米的地方是很稀有的，因为在那里人们根本看不到树，它们只可能是某种人类存在的遗迹。在这徒手都难以攀登的山冈之上，公主的卫队又是怎样建筑的呢？

陡峭的山坡顶端是一个狭窄的山脊，山脊的西侧是更陡峭的山坡。山脊中间有一处斯坦因没有提到的遗迹：一堆人为堆砌的石头。这是在平原农耕地带极为常见的一堆石头，所以人们很容易把它忽略，以致斯坦因漠然地继续向北，向近在咫尺的、他无比渴望的城堡攀登……也难怪，这里是海拔4000米的无人地带，有谁会在意这里堆砌的这堆巨石呢？

但中国考古学家注意到了这堆石头，1972年登上公主堡的王炳华大胆猜测，这是一堆"礌石"。王炳华说："面对来犯的敌人，一块巨石，随坡落下，经过数百米的加速度，它的杀伤力是十分惊人的。"看看山脊的两边，想象着这些石头沿着如此险要的山坡滚下去，再想象着它们会带起山坡上无数的碎石一起形成大面积的山石滑坡，定会让人不寒而栗。

在一片陡峰之上，近十米高的土质城墙赫然肃立，昂然透着一股不屈的英气。所有人都渴望知道在它的背后护佑的是一个什么样的地方，它想要告诉我们怎样的一般历史！

跨湖桥文化之谜

浙江省跨湖桥遗址位于杭州市萧山区西南约四公里处，浙江第一大河钱塘江与浦阳江流经这里。遗址及周围地区是古湘湖，现已大部分淤积，正是这些三四米厚的湖床淤泥有效地保护了下面七八千年的古老文化。跨湖桥遗址发现以来却受到了"冷落"，直到2004年，跨湖桥文化才作为我国东南沿海地区一种独立的文化类型被考古界所确认。

一、考古发现过程

跨湖桥遗址处在旧湘湖湖床的下面，早在20世纪初，湘湖就已经名存实亡。古湘湖湖底千百年来形成的淤泥，成为制造砖块的优质原料，淤泥保护了跨湖桥文化，也同样使这古老的文化遭受了严重的灾难。

1970年前后的某一天，湘湖村的村民听到一个消息：杭州砖瓦厂要在冷饭滩附近设立一个新的取土点。消息一传开，湘湖村村民连夜突击，围堤抽水，抢占阵地。当时冷饭滩一带属于无法正常耕种的沼泽地带，取土的第一步必须围堤抽水。那一晚，一家新的砖瓦厂诞生了，这就是后来的萧山城厢砖瓦厂，挖土制砖的人们便在不知不觉中蚕食旧湘湖底下的这座文化宝库。

最早走近跨湖桥遗址的是杭州砖瓦厂的一位厂医，名叫陈中缄。陈医生多年来养成了一种习惯，那就是巡视湘湖一带砖瓦厂取土坑。每次他都能在这些土坑里找到一些被路人视作破烂，他却称为文物的东西。随着拣到的"破烂"越来越多，陈中缄把情况报告了县文物主管部门，却没有得到回应。

真正让跨湖桥遗址走进考古学家视线内的是一个叫郑苗的学生。郑苗家在湘湖边，从小学开始他就对这些出土物感兴趣，看到一些精致奇特的，便拣回家里。就这样，郑苗一直到上大学还保留着收集古物的习惯。由于在学

△ 跨湖桥遗址博物馆

校他多少接触了一些文物方面的知识，意识到自己收集到的古物很可能是珍贵文物，就把他的发现告诉了老师。

1990年5月30日，萧山市文物管理委员会接到浙江广播电视大学萧山分校的电话，告知有同学在城厢的挖土现场发现了文物，这个同学就是郑苗。文管会的工作人员闻讯立刻赶到学校，看到了郑苗出示的一些石器、骨器。第二天下午，工作人员在郑苗的带领下来到城厢砖瓦厂的取土现场。现场一片狼藉，随处可以见到陶片、兽骨。凭着职业的敏感，他们马上发现了挂在取土坑剖面上的齐文化层堆积。

跨湖桥遗址在迟到近20年后，终于被正式发现，而此时，该遗址已历经20年的取土。为了抢救文物，文管会在取得砖瓦厂的支持、配合后，决定进行考古发掘。

1990年10～12月，浙江省考古研究所和萧山博物馆组成的联合考古队对地处杭州萧山湘湖之滨的跨湖桥遗址进行了首次发掘。这次发掘的总面积为330平方米，除发现建筑遗迹、房屋遗迹外，还发现了一些陶器、石器、木器、骨器等。由于遗址深埋于古泻湖底部，长期的浸水环境及深厚淤土的隔绝作用，一些有机骨质的骨木器很好地保存下来。

这些出土的文物中，引起考古工作人员极大关注的就是彩陶。当时发掘的陶片大多由考古队员自己清洗，彩陶就是在清洗陶片时发现的。从此跨湖桥遗址发现太阳纹彩陶的话题在浙江考古圈中流传开来。因为在浙江乃至东南沿海地区的新石器时代，彩陶极为罕见，河姆渡遗址只发现过三片，而且无论是用彩还是图案均很生涩。从跨湖桥出土的彩陶来看，跨湖桥时期彩陶的制作工艺远比河姆渡成熟先进。

这些文物让考古学家们兴奋不已，为弄清遗址年代，考古工作者将出土的木块送到国家海洋局第二海洋研究所进行年代测定，经测定得知跨湖桥遗址的年代为距今7000—8000年之间。

结论出来后，很多专家都表示怀疑。在浙江有南北两支最古老的新石器时代文化：河姆渡文化和马家浜文化，两者距今都有7000年的历史。新发现的跨湖桥遗址虽然年代比河姆渡文化和马家浜文化都早，但在文化类型上却不像是二者的源头。那么跨湖桥文化与河姆渡、马家浜文化到底是什么关系？由于跨湖桥出土的陶片展示了陶器制作技术上的"成熟进步"，并且明显比河姆渡的早期陶器要先进得多，于是专家推测：跨湖桥文化遗存是河姆渡文化的一个地方类型，并且年代与河姆渡文化晚期相当。

跨湖桥真的是河姆渡的"后辈"？参加跨湖桥遗址发掘的工作人员不愿意相信。但由于第一次发掘出土的文物较少，在一定程度上影响了人们对跨湖桥遗址重要性的认识，研究工作未能进一步深入，跨湖桥遗址就在这些怀疑中被"冷冻"了十年。就在它受"冷落"的几年间，跨湖桥遗址第一次发掘现场已遭到破坏，考古学家再也难以找回这一远古人类的居住区。

2000年，浙江省文物考古研究所对浦阳江流域进行新石器时代遗址专题调查，调查步骤是从上游往下游走，跨湖桥是调查的最后一站。12月20日，考古调查队来到跨湖桥进行试掘，没有新发现。几天后，根据当地民工的指引，转移到取土坑东部继续探掘，终于发现了文化层堆积。这时，这一地带已经被列入砖厂冬天的取土计划，为了保护遗址，考古队马上决定再一次进行抢救性发掘。

这次发掘于2001年5月正式开始，发掘的面积并不大，仅为350平方米左右，却出土了一大批陶、石、骨、木器，其中陶器复原器近150余件。出土器物形态及其组合迥异于河姆渡、罗家角等附近地区发现的早期文化遗址，可明确为一个新的、独立的考古学文化类型。

为了再次给跨湖桥的文物测定确切年代，考古队把取到的标本送到北京大学等5个不同的权威机构进行科学测定，测出的数据达28个之多。得到的结论却是惊人的一致，这些科学研究无可辩驳地说明，跨湖桥文化距今为

7000—8000年。"冷冻"了十年的跨湖桥再次引起人们的关注，并入选了当年的全国十大考古新发现之一。

这次发掘还传出一个"垃圾堆里捡珍宝"的美谈，因为这次发掘挖出了一个远古垃圾场，而品种繁多的千古垃圾又是传递古人生活、生产、思想、文化等重要信息的载体。古人往往将村落临水的湿地当做倾倒垃圾的场所，跨湖桥遗址的第二次考古发掘结果，再次证明了这点。出土的大量牛骨、鹿骨等正是古人吃剩的垃圾；大量的陶器碎片正是古人的遗弃物；破碎的骨耜正是古人丢弃的已不能使用的生产工具……

但跨湖桥文化却不能理解为仅仅是古人遗弃的垃圾，跨湖桥遗址在第一次发掘中，就已经发现了建筑遗迹和多处房屋遗迹。更为重要的是，还发现了两座储藏窖，里面储满了橡子，这是古人储藏的食物。显然第一次考古发掘，挖到的是古跨湖桥人的居住区。结合前后两次的考古成果看，跨湖桥是一个完整的文化遗址。

这次发掘的结果使跨湖桥遗址作为独立的文化类型引起国内专家的极大兴趣，为了补充更多的资料，同时也是为了抢救地下文物不受进一步破坏，2002年9月底，浙江省文物考古研究所开始了对跨湖桥遗址的第三次发掘。

由于跨湖桥遗址被破坏严重，第三次开挖的探方大多处在遗址的破坏边缘，所以大都不完整，实际发掘面积约350平方米。但就在这里，却"驶出"了人类最古老的独木船。

考古工作人员以前就听村民说在这一带发现过木船，跨湖桥的发现者郑苗也曾报告发现过"小船"，但在前两次发掘中并没有发现古船。跨湖桥真的有古船吗？考古队暗暗地把寻找古船的踪迹作为这次发掘的目标之一。

最早发现古船的蛛丝马迹是在11月11日，当时考古人员正在探方里整修台阶，在地下第9文化层里，突然发现了一个木制品，形状看起来很像是木船的一个角。一下子，在场所有人的精神都振奋起来，似乎重大的发现立刻就要揭晓一般。随着清理面积的扩大，独木舟的一个凹面显露出来。因为早就相信这里有古船，这个发现让现场的考古队员兴奋异常："我们发现了独木舟！"

经过不断发掘，在相邻的三个探方里都发现了船身。独木舟的船头直到19日才被发现，由于当时船身中段还埋在一个隔梁里，而且船宽度不一，所以还以为这是两条各长2米多的独木舟。21日，考古队员打掉了中间的隔梁，世界第一古船的真面目才完全展现在今人面前，而且长达5.6米。在这条独木舟的两侧，还发现了许多木棍，专家推测这些木棍是用来固定或支撑独木舟的，并推测这里是一个独木舟的生产或修理作坊。

△ 跨湖桥遗址

2003年10月初，考古学家再次对跨湖桥遗址进行发掘。这次发掘从2002年发现的遗址东侧开始，出土了一批陶器、木器、骨器碎片，其中有一只保存完整的骨哨。考古人员希望通过对跨湖桥遗址的深入发掘，更全面地了解距今8000年的跨湖桥遗址文化。

目前，对于跨湖桥遗址的发掘仍在有序进行。

二、跨湖桥遗址出土文物

跨湖桥遗址出土了大量陶器、石器、木器、骨角器等物品，还在遗址中发现了灰坑、黄土台、残存墙体等建筑遗迹。由此，专家确认跨湖桥遗址是一处内涵丰富、文化面貌独特的新石器时代早期遗址。

在出土的文物当中，陶器最为精致和独特，其制作的精致程度要高于河姆渡时期，除器形规整匀薄外，主要指彩陶与黑光陶工艺。彩陶保存的鲜艳程度十分好，而且发现的完整器物较多，彩陶的分布位置及组合形态也十分清晰。

陶器的彩饰分为厚彩和薄彩两种，都施于均匀细腻的陶衣上。薄彩一般施于圈足盘的内壁，有红、黄、黑等色，从口沿向内垂挂的环带纹、半月纹最为普遍。另外，还有一些双腹盘从上到下分层设组，各有题材，十分讲究，专家推测这类器物不是实用器皿，而已经被充任礼器、祭器。最有特色的是厚彩，施于器物的外部，如罐的肩颈、圈足盘的圈足等位置。彩纹一般为以圆形镂孔为中心的放射线，肩颈部位多以组合纹饰出现，其中"太阳"纹引人注目。在手法上，点彩别具个性，往往与条纹、波浪纹相配合。厚彩材质似乎加了某种作为黏合剂的泥料，脱落后留下的乳白色痕迹仍旧清晰可辨。

黑光陶一般见于豆、罐两类器物。浙江新石器时代晚期的良渚文化也出土了很多泥质黑皮陶，初见很容易相混，其实胎质完全不同，外露的光泽也是不一样的。跨湖桥出土的这种黑光陶主要是一些红内黑的器物，如钵类器，内壁十分光亮，为江南其他考古学文化所不见。经专家推断，这些黑光陶除了应用还原焰烧造技术外，还经过精心的打磨。器物上常见周正的弦纹、棱纹，分明使用了轮制技术。考古界一直认为距今6000多年前才有了慢轮修正术，跨湖桥出土的陶器却把这一时间推进了1000年。

跨湖桥陶器的群组合也十分新颖。从器名上看，也只有釜、罐、钵、豆、甑几种，但形态却完全是新的。如钵型釜、扁腹双耳罐、盅型钵、双腹豆。而且纹饰也愈加丰富与成熟。尤其值得注意的是拍印的方格纹的出现，在以往的浙江地区新石器时代遗址中这种纹饰从未出现过，但在跨湖桥遗址却出土了相当的数量，而且多呈菱形。另外还有蓝纹、篦纹、指甲纹、戳印纹以及"工"字、"卜"字、三角形、方形、圆形等镂空形式。

出土的有机质遗物中，骨器数量不少，包括耜、镖、镞、哨、针、纬刀、簪、双尖叉形器及一些功能不明的复合工具。骨耜用大型哺乳动物的肩胛骨制作，端部有圆形插孔用以装柄，经研究发现成孔方式是用火烫灼后再行挖凿的。另外还有很多用动物肢骨的骨壁、肋骨加工而成的骨具，磨制精致。出土的一件骨针长9厘米，最大径不足2毫米，孔径不足1毫米。同时还出土了纬刀、双尖叉等纺织工具。

跨湖桥的动物群比河姆渡遗址简单，从出土的动物遗骨来看，包括鹿、猪、牛、狗、獾、鹰、鳄和豚等。猪、牛等动物的牙齿磨损度普遍较高，这是跨湖桥人肉食大多来自狩猎的证据，因为老迈的动物缺乏抵抗力，容易成为捕杀对象。说明狩猎在跨湖桥时期占据非常重要的地位。

跨湖桥遗址还出土了很多木桨，其中一半是半成品，上面满是清晰的刀砍斧削痕。数量最多的是木锥形器，尺寸近似筷子，中间稍粗，一端平头，另一端尖；另一种木锥的一端削成扁舌形。另外还出土了数件木"簪"。

遗址出土的石器也很有特色，器形主要有斧、锛、凿，还见有极少量的镞、石片形刀、石杵、磨盘等物件。石质多为青灰色的硬质沉积岩，附近地区无法找到这种岩材，应该从远方交换得来。

三、充满疑团的跨湖桥

2002年3月27日，来自北京大学、故宫博物院、中国社科院考古研究所、中央民族大学等单位的20余位专家会聚萧山，针对跨湖桥文化类型进行深入探讨和研究。面对着疑团重重的跨湖桥文化，许多在场的专家学者禁不住发出了"太意外"、"看不懂"的感叹。

1. 高超的彩陶制作技术

跨湖桥文化是一种高龄文化，它的稻作农具骨耜，在制作上十分粗糙，远不及河姆渡骨耜精细，出土的大量兽骨也表明古跨湖桥人还是以狩猎为主。但是，7000年前的跨湖桥人却掌握了高超的陶器制作技术，特别是通体磨光的黑光陶器，似乎与距今四五千年的良渚文化中的黑皮陶器有着某种联系。难怪当初会有专家认为跨湖桥文化是河姆渡文化的后辈，至今专家们也无法解释跨湖桥文化遗存中的这种"青春色彩"。

2. 骨针和蚕丝线

在跨湖桥遗址的第二次考古发掘中，还出土了不少负载重要信息的宝贵物品，其中就有一枚精巧的骨针。这枚骨针针眼相当细小，即使采用今天的棉纱线或涤纶线，要穿过这个小针眼也不容易。那么，古人究竟用的是什么线？当时不可能有棉纱线或涤纶线，要穿过这么细小的针眼，只能使我们想到了蚕丝线。难道距今七八千年的跨湖桥人已经在接触蚕桑了？考古学家至今也不能得出答案。

3. 使用中药的祖先

跨湖桥遗址中还有一个小陶釜，底部有烟火熏烧的痕迹，釜内有一捆植物茎枝，共约30余根，长度在5～8厘米之间。由于陶釜已烧裂，古人将其丢弃了。陶釜内的植物成了考古工作者关注的重点，他们推测这捆植物是远古的中草药，遂将标本送往药品检验所进行检测。但由于标本的有机质不足，难以确定其具体的药性和名称，只能定为"茎枝类"。虽然至今也无法确定是什么中草药，但这一考古新发现对研究我国中草药的起源，尤其是煎药的起源具有重要的参考价值。

4. 黏合剂

细心的考古工作者在清理陶片时，还意外地发现一块黑光陶片上有修补的痕迹，但是，目前还不清楚古人是用什么黏合剂来修补陶器的。

5. 跨湖桥的毁灭

从目前的考古发现看，跨湖桥文化是突然之间消失的。河姆渡文化、马家浜文化作为跨湖桥文化继承者的证据不足，这种文化缺环是什么原因造成的，迄今尚是未解之谜。

有很多专家认为，跨湖桥文化的毁灭，最可信的推断就是毁于海水侵袭。据地质水文资料载，从全新世初期开始，东海大陆架发生了一次大规模的海侵，这次海浸在距今6000～7000年达到高峰，包括会稽山脉在内的宁绍平原周围地区，沦为一片浅海。这次大规模的水淹对跨湖桥文化的前途带来了根本性的影响，钱塘江、浦阳江泛滥更加速了这一带环境的恶化，今日凶猛的钱江大潮就可以证明这一点。

结合历史记载来看，今天会稽一带的自然环境最符合大禹治水的历史条件，如果这段神话是史实，那么跨湖桥遗址大约不幸落在治水无为的鲧的时代，治水的失败就是跨湖桥遗址结局的写照。

跨湖桥文化的难解谜团给江南沿海一带的考古科研提出了一个个新的课题，只有等待着考古发掘及研究工作的进一步深入，让这些谜团大白于天下。

金沙文化遗址之谜

三星堆遗址是四川境内目前所知一处范围最广、延续时间最长，文化内涵最为丰富的古蜀文化遗址。可是，三星堆文明在突然间就消失了，它似乎没有来源也没有去向，神秘得不可思议。多少年来，考古学家一直在寻找三星堆的去向，直到20年后，金沙遗址出现在人们的视野中，遗址一经发现，专家们就意识到，它和三星堆可能有着密切关系……

金沙遗址位于成都市西郊苏坡乡金沙村，总面积在3平方公里以上，是一处地势平坦、河流众多的冲积平原。一条叫磨底河的小河由西向东流过，把遗址分为南北两个部分。最初发现的象牙和玉器残片就在磨底河南岸的金沙村出土。

2001年2月8日，成都市考古研究所所长王毅接到报告，民工在开挖蜀风花园大道工地时挖出了很多像象牙的东西和小玉片，可能跟三星堆有关系。王毅迅速安排考古所最优秀的专家组建了一支考古队，随即进驻金沙进行发掘整理。根据出土陶器的器型，考古学家初步判定，金沙遗址的年代大约是商代晚期到西周早期，也就是距今大约3000多年前。

为了便于查找，考古队员把施工队挖出来的泥土拿回去仔细清理，没想到，就在这些泥土中竟然埋藏着1000多件珍贵的文物。仅仅这一点就足以说明，这里的发现有着十分重要的考古学价值。

考古队员们陆续在金沙村的西部和西北部地区发现了一些房屋、陶窑、灰坑和墓葬遗址，被判定是生活区和小型墓葬区。而位于磨底河北岸的黄忠村遗址，很有可能属于宫殿区。显而易见，金沙遗址曾是一处古代人群聚居的地方，有着严密的布局和精心的设计。

由于其他区域出土的文物有限，人们都把期望放在了金沙村的中心区域，考古人员清理完浮土后，按照正规的考古程序，小心地开掘探方。

在最先出土的一个土坑里，密集着各种金器、玉器、青铜器和象牙，器物堆积得虽然拥挤，但并非杂乱无章，而是有着某种特别的次序安排。

接下来，一个又一个的堆积坑出现了。有的堆满了大大小小的石壁，有的里面放着许多野猪獠牙、鹿角和少量的象牙、玉器、陶器等物品。经过研究专家认为，这里是一个专门的祭祀区域。

不久后的一个发现更证明的专家的推断。在金沙遗址的中心区域，考古队发掘出了19具龟甲，它们并不是普通的动物骨头，每块龟甲上，都有烫烧后戳成的小孔，和殷墟甲骨十分相似，虽然在卜甲的背面没有发现文字，但已足以说明它们是用来占卜的龟卜甲。

在遥远的古代，巫师们占卜时，常常会用烧红的金属棒在龟壳上烫烧，然后根据烫烧后的小孔边缘的裂痕来确认凶吉，预测未来，而龟壳的大小往往代表了统治者的权势。金沙发现的甲骨中有一块长达59厘米的龟甲，被认为是有史以来发现的最大的龟卜甲。这不仅表明当时祭祀者有着极高的地位，很有可能是国王，而且也有力地说明，遗址中心区是一个庞大的祭祀区。

目前对金沙文化遗址的发掘仍在进行，整个遗址的发掘尚未进行过半，另外更多的发现仍在等待着我们，也将有更多的谜底将一步步揭开。

金沙遗址目前已陆续出土金器、玉器、石器、青铜器、象牙器等珍贵文物1200余件。从文物年代来看，绝大部分为殷商晚期和西周早期，少部分为春秋时期。从出土的文物来看，金沙遗址毫无疑义是具有特殊身份的人留下的遗址，而且这些人肯定是当时成都平原的最高统治者之一。

在这批文物里最著名的无疑是"太阳神鸟"金饰。"太阳神鸟"金饰是一件圆环形金箔，外径12.5厘米，内径5.29厘米，厚度仅0.02厘米，重量却有20克。它看起来像一张工艺精美的剪纸艺术品，采用镂空的表现形式，图案分内外两层，内层为12条弧形齿状芒饰，按顺时针方向旋转。图案的外层由4只首尾相接的飞鸟构成，飞行方向与内层图案的旋转方向相反。整个金饰的中心图案很像一个喷射出12道光芒的太阳，于是专家将其命名为"太阳神

△ 金沙文化遗址标志——太阳神鸟

鸟"。金沙遗址出土的太阳神鸟已成为成都这座历史文化名城的一大标志。太阳神鸟反映了古蜀先民崇拜太阳，认为太阳有着万物复苏的超自然力量的思想。

此外，金沙遗址还出土了大量的玉器，主要有玉琮、玉璋、玉剑、玉戈等10多种、400余件。其中一件堪称"国宝"的翡翠绿玉琮高约22厘米，造型风格与良渚文化的完全一致，上面有极其精细的微雕，花纹细若发丝。这是迄今为止四川地区最大的玉璧，大小超过了此前发现的国宝翡翠绿玉琮，专家认定该玉璧为国宝级文物，对研究古蜀王室演变及祭祀制度有着重要的参考价值。此外，考古人员还发现了一件残损的玉璧，上面印刻着罕见的孔雀图案，该玉璧雕刻之细腻，纹饰之丰富，堪称一绝。

金沙出土的玉器多是用来祭祀的礼器，在《周礼》记载的六种祭祀玉器中，金沙就发现了五种。金沙玉器与祭祀相关，也或者是特殊礼仪中王权的象征，由此可知，金沙人对玉十分崇尚和尊重，也说明金沙文化和中原文化有着深刻的内在联系。

金沙玉器多是就地取材，玉石材质不算上佳，但金沙人对色彩、线条有很强的鉴赏力。金沙遗址出土的文物中有一件石虎雕刻，身子是写实风格，头部却凿刻得有些夸张，尾巴别出心裁地由另一块石料做成，用木屑与虎身胶合，静态的石虎立即呈现出动感，由此可见金沙匠人的别具用心。

目前金沙遗址出土的石器有170件，包括石人、石虎、石蛇、石龟等，是四川迄今发现的年代最早、最精美的石器。其中一件"石跪坐人像"，其头发如流水般朝两边分开，辫子长及腰际，嘴唇和眼眶涂着暗红色的朱砂，双耳穿孔，两手被牢牢地绑在身后。据考古学家推测说，这有可能是3000年前的一个奴隶形象，这个形象同三星堆祭祀坑出土的奴隶石雕仿佛一母同胞，其造型之生动逼真、刻画之细腻入微反映出古蜀时期的石雕工艺已达到炉火纯青的境界。

除上面提及的玉石器外，金器也是金沙遗址出土文物中较为引人注目的。遗址中出土了大量薄如蝉翼的金箔，它们被打造成形状各异、寓意不同的器形，包括金面具、金带、圆形金饰、喇叭形金饰、凤凰图案金饰等30多件。金沙出土的金面具与三星堆青铜面具在造型风格上十分相似，眼部镂空，充满了神秘感。金沙遗址出土的金器，无论从用途上还是制作技艺上，都显现出和中国其他地区不同的文化内涵。

出土的400多件青铜器也十分别致，主要有铜立人像、铜瑗、铜戈、铜铃等。出土的铜立人像与三星堆出土的青铜立人像几乎完全一致。此外，金沙遗址还出土了40余件象牙器和大量陶器。

金沙遗址再次证明了成都平原在商周时期便有了非常辉煌的青铜文明。出土的玉戈、玉瑗表明，金沙文化不是孤立的，它与黄河流域文化和长江下游的良渚文化有深刻的内在联系，再次证明中华文化是多元一体的。

长久以来，考古学界以为当中原的人们过着富足和文明的生活时，古代蜀国仍旧一片荒凉，生活在这里的人类还处在蒙昧的状态。而金沙的发现为我们更准确和生动地描述了三千多年前古蜀人类的生活状态。

三千多年前四川盆地到处是茂密的森林，成群的动物生活其间，其中有一些凶猛的动物，例如老虎和大象。金沙人十分敬畏的对象，捕获大象的日子也许就是一个节日，人们将象牙献给国王，当做祭祀品或者装饰品。

在金沙出土的象牙数量惊人，能够像金沙人这样奢侈地使用象牙，在古代中国是绝无仅有的。金沙出土的这些象牙尺寸都很大，明显大于中国境内乃至亚洲境内现存象牙的尺寸。从历史地理的研究成果来看，在三千多年前的商代，中国的中原地区还有大象，甲骨文里就有商王捕象的记录，殷墟考古也发现了一些像的骨头。

不过，打猎已经不是这个原始民族主要的生存方式了，金沙先民懂得如何生产粮食，他们处于先进的农耕文明状态。

在金沙遗址出土了农耕用具耜。耜的起源很早，《易·系辞下》中有"斫木为耜，揉木为耒"的记载，它是一种翻土用的农具，适用于稻作农业。成都平原地区的稻作农业历史，经考古资料证明存在于4000多年前。耜的长度约1.42米，珍贵的原因是"木质器物，一般难以保存下来，在考古中极少发现"。耜的出土有力证明了金沙人的农业已经相对发达，安定的农耕生活使人们有很多的空余时间从事手工业劳动，大量的陶器出现了。

金沙人是制作陶器的能手，从器形种类来看，包括了各种炊器、食器、饮器、水器、酒器，还有大量的机器。这些丰富的器形，充分反映了当时金沙人饮食的多样性。这些陶器中有很大一部分是酒具或酒器。酿酒活动的前提是有多余的粮食，这就说明当时农产品的富余。

金沙人的陶器制作加工，已成为一个很重要的行业，很多金沙人从事这种行业，并有比较完善的分工合作。金沙人制作的陶器大都为夹砂褐陶和灰陶，制作工艺以手工制作和慢轮加工为主，器形以实用为主，纹饰较少，素面居多。金沙遗址范围内发现有多处窑址，均是小型馒头形窑，每个陶窑的面积约6平方米，由工作面、窑门、火膛、窑室组成。窑室多呈前低后高的斜坡状。烧制时火焰由火膛进入圆形窑，对充分燃烧提高窑温是比较有利的。

金沙作为古蜀族商周时期的一处重要中心遗址，遗址发现的城市规模和布局可以想象当时的繁荣情形。其中有大面积的居住区，有墓地，有宗教仪式活动区和大型的祭祀场所，还有大量的手工作坊和烧制陶器的窑址。当时的社会已经有了一整套礼仪制度，统治阶层通过神权和王权控制着整个王国。

衣食富足的金沙人已经有了大规模的祭祀活动，其祭祀方式十分独特，在国内外考古发现中十分罕见，从一个侧面反映了古蜀先民所特有的精神世界。

在距金沙村60公里左右的地方，有一个举世闻名的考古发现——三星堆遗址，两个祭祀坑里出土了1700多件风格特异的文物，曾有一支神秘的种族在这片土地上，创造了高度的文明。考古证据显示，三星堆文明在突然之间就消失了。它似乎没有来源，也没有去向，让人感到无比的神秘和不可思议。

有人说，是外族的入侵毁灭了三星堆，也有人认为是肆虐的洪水逼迫三星堆居民举国外迁，但所有说法都没有证据。多少年来，考古学家一直在寻找三星堆的去向。

直到20年后，金沙遗址出现在人们的视野中。当金沙遗址第一批文物从泥土中被发掘清理出来时，考古学家们不约而同地惊叹：它们跟三星堆器物简直太相像了。专家们立刻意识到，它和三星堆可能有着密切的关系。金沙遗址的考古年代比三星堆晚大约500年左右，时间顺序上这种衔接显得顺理成章。

在金沙遗址中出土了一具19.6厘米高的青铜小立人是金沙最具有代表性的青铜器。而当年在三星堆出土过一个高达2米多的青铜大立人。虽然高矮差别悬殊，但它们的造型极其相似，同样的长衣，同样的姿态，空空的手中似乎都握着什么东西。

仅仅这两个青铜立人，就足以说明三星堆文明和金沙文明之间的深厚渊源。奇怪的是，揭示金沙与三星堆神秘关联的各种文物，几乎全部集中在4个主要发掘区中的一个，也就是位于金沙村的祭祀区。当年，三星堆的祭祀坑也让人们迷惑不解，大量的象牙、青铜器堆积在一起，似乎是某种特别的仪式，而出土的文物中，很多都有被灼烧过的痕迹，有些则被人为地破坏过。金沙遗址中的青铜器也一样，很多已经碎裂成残片。

在金沙遗址还发现了一些青铜神鸟，它们和三星堆神树上的挂件极为相似。这个青铜小立人的下部，很明显可以看出，它是插在某个大件物品上的。一些青铜器的残片经过拼接复原后，整体尺寸至少超过30厘米。

它与三星堆遗址的关系密切，其性质与三星堆遗址的性质十分相似，出土器物在造型风格和纹饰特征方面也与三星堆的器物基本一致。金沙遗址的年代又略微晚于三星堆遗址，这种种迹象都表明，三星堆文明因某种特殊的原因从广汉突然消亡后，迁徙到了以金沙为中心的宽阔地带，并在此延续和发展。可以说，金沙遗址是处于古蜀文化分期的中段，它晚于三星堆文化。

之所以说它晚于三星堆文化，另一个依据是以出土文物的造型以及古蜀文化的整体流向来加以判断的。从该遗址所出金器、玉器的制作水平分析，已明显比三星堆时机成熟高超。此外从地域上讲，古蜀文化的发展和迁徙规律，是从四周的山地逐渐向盆地中心聚拢，因此可以推断，金沙遗址是三星堆文明突然消失之后在成都平原腹地的再次复活。

不论这种猜想是否准确，金沙遗址的出土终于解开了一个巨大的疑惑。三星堆文明在突然消亡以后，它并没有从这块土地上"蒸发"，而是悄然迁徙到了成都平原的腹心地带，继续以其独特的文化面貌发生发展着。

当然，金沙遗址所显现的文明特征也有与三星堆文明不尽相同之处。三星堆文明是以青铜器见长，而金沙遗址是以玉器见长。大型玉琮的出现又叫人想起良渚文化，不过，从文明的产生和发展规律看，这些现象都是可以得到合理阐释的，因为任何一种文明都不是孤立和突然生长起来的，它必有内部和外部的推动力量。

现在要对金沙遗址作出全面的分析和判断，看来还为时过早，因为整个遗址的发掘尚未进行过半，许多未知的文化因素尚未被揭示出来。我们无法预测这里是否埋藏有类似三星堆青铜神树和大立人像那么巨型的古蜀时期青铜制品，这一切都只有依靠时间的推移，最终把结局呈现在关心和喜爱古蜀文化的人们面前。

金沙遗址共出土了12件跪立石像，让考古专家百思不得其解。这些跪立石像一丝不挂，男性身上也涂着艳丽的朱砂，双手都被反缚在身后，手指大多残缺，有的为9根，有的7根，最少的只有5根。

这些奇特的石像一时在考古界顿时引起了不小的轰动。在中原地区的远古遗址中，也时常有跪立玉像的出土，不同的是跪立玉像身上都有衣服蔽体，而且身份高贵。金沙出土的这种赤裸的石像在中原文明中从没有发现过。

专家们首先对石像的一丝不挂展开了研究。根据流传的神话或传说，古人只有在与神交流的时候才可能一丝不挂。因为在古人眼中，神灵是至高无上的，只有裸体面对神灵才是完全的崇敬。

三星堆遗址中出土的人像也有裸体的，这是一个长相端庄的古蜀女人，上身赤裸，头上顶着一只庞大的樽。她被认为是一位专门为神灵服务的女人，并且也是跪立的，很容易便使我们与金沙遗址的石像联系了起来。于是考古学家推测，金沙石像可能与三星堆女人像一样，都是奉献给神灵的。

接下来的问题又来了，既然要奉献给神灵，为什么要捆绑住身体呢？考古学家又进行了种种推测。一种说法认为这些石像是金沙古国在战争中俘获的战俘，所以才被金沙人捆绑起来，扒光衣服。这些从石像的表情上也有所体现。他们大多表情痛苦不安，甚至诚惶诚恐。所以，金沙人雕刻这些石像也许是为了炫耀战争的胜利，这些石像被当做战利品到处巡展。

也有学者认为，这些石像是古蜀人祈雨的巫师。《吕氏春秋》中曾记载了一些上古先民独特的祭祀方式，商王成汤的祭祀方式十分有代表性。

成汤灭夏建立商朝后，便遇到了百年难遇的大旱，整整五年天上没有落一滴雨，庄稼五年没有收成。成汤在桑林中设立祭坛，他剃掉了自己的头发，把手反缚于背后，向天祈祷，瓢泼大雨这才倾盆而下。

这段记载给了考古学家很大的启示。金沙石像也是剃了头，双手被缚，这和成汤的祭祀方式是一样的。一边是商朝尊贵的商王，一边是金沙古国身份神秘的石像，这其中有什么联系？

在古蜀金沙，巫师是一个重要而必不可少的职务，一个王国内部可能有许多巫师，有的是"大巫"，有的是"小巫"。一般来说，"大巫"在祭祀中处于中心地位，"小巫"协助"大巫"进行祭祀活动。考古学家认为，金沙石像有可能就是"小巫"。

在祭祀，这些"小巫"通常跪立在地上，双手被反绑，嘴里发出奇异的声音，脸上流露着虔诚和期盼的神情。在他们脚下，成千上万的古蜀人仰视着他们与神灵的对话。

在我们的阅读习惯中，"跪"带着浓厚的贬义味道。其实在远古时代，古人一直是跪立的。所以由此推测，这些石像为神职人员的可能性比较大。

金沙文化是一处十分独特的文化类型，它的出现再次证明了成都平原在商周时期便有了非常辉煌的青铜文明，证明了中华文化是多元一体的。由于金沙遗址内涵丰富，分布范围比较广泛，目前对金沙文化遗址的发掘还不到一半，仍需要更多的考古学家进行深入的发掘和研究。

为了有效地保护金沙遗址，成都市政府正在筹划建立金沙遗址博物馆。规划中的博物馆总建筑面积为37895平方米，包括遗址馆展示、陈列馆展示、室外景观展示三大部分。

遗址馆主要以发掘现场原生态保护展示为主，让观众对金沙遗址和考古发掘本身产生真实的现场体验；陈列馆将以古蜀文化的发展脉络为纲，时间跨度是从公元前2800年左右至公元前316年；室外景观展示将通过相关雕塑、复原等景观雕塑，从时空上延伸博物馆陈列展示内容。博物馆还将大量使用现代化技术，通过场景复原，营造出现场体验感，原生态展示象牙挖掘过程。预计2006年年底，金沙遗址博物馆陈列馆将全部建成并对外开放。

金沙遗址出土的象牙十分珍贵，如何保护挖掘后的象牙成了博物馆的重要问题。为此，科技部已经将金沙遗址的象牙保护问题，列入国家级的重要课题进行专题研究，以确保文物在展馆开放的同时得到安全的保护。

目前，国家文物局已决定采用太阳神鸟图案作为中国文化遗产标志。"金沙太阳神鸟"图案十分别致，中心的太阳向四周喷射出十二道光芒，呈现出强烈的动感，象征着光明、生命和永恒。环绕太阳飞翔的四只神鸟，反映了先民们对美好生活的向往，体现了自由、美好、团结向上的寓意。

岭南马坝人文化遗址之谜

狮子岩位于曲江区西南约2公里处。由于外形貌似狮子，被称为狮子岩。狮子岩由狮头峰与狮尾峰两座石灰岩孤峰组成，一高一矮，南北并立。这里就是著名的"马坝人"遗址，早在12.9万年以前，就有早期智人"马坝人"在这里生息繁衍，成为岭南乃至整个中华民族文化的发源地之一。

△ 马坝人头骨化石

狮子岩的狮头峰也称前山，它是狮子岩的核心景点，"马坝人"头盖骨化石就是在这里发现的。

1958年，正值"大跃进"时期，当地农民在狮子岩附近烧制土磷肥。6月的一天，村民们在取土时偶然在狮头山石缝中发现了头骨化石，立刻报告给了文物部门。碰巧的是，广东省委书记陶铸当时正在曲江考察工作，他得知此事后立即指示马坝区委领导要对这些化石加以保护，并及时报告省文化局。

8月，广东省博物馆赴现场调查，带回了重要的化石标本，并由中山大学历史系副教授梁钊韬鉴定，认定这里出土的是一种极为重要的人类化石标本，消息传出后引起了考古界的注意。

1959年9月，中国科学院古脊椎动物与古人类研究所的考古学家斐文中等专程前往马坝复查，结果挖掘出一件形似龟壳的化石，经鉴定为人类化石标本，属第四纪更新世中期人类。考古队在附近又陆续发现了一些碎头盖片，经拼凑粘接，复原为一个完整的古人类头盖骨，有额骨和部分顶骨，左眼眶及鼻骨的大部分。该化石石化程度很高，经铀系法测定，其年代有12.9万年。此人类头骨化石属于更新世之初的早期智人类型，专家们把它定名为"马坝人"化石。这一发现立刻在广东省掀起轩然大波，这是广东省已发现的最早的古人类化石，对中国乃至世界的古人类研究都是一个重大的贡献。

经过进一步发掘，考古学家在马坝人遗址还发现了剑齿象、貘、野猪、大熊猫等17种动物化石。考古学家推断，马坝人当时的生活条件是极为艰苦的，这些野兽时刻威胁着马坝人的生存，同时又是他们猎取的对象。因而马坝人总是几十个人生活在一起，共同劳动、集体狩猎、采集野果和抵御猛兽的侵袭，过着群居的生活。在出土的马坝人头骨上，就留有被野兽咬伤的痕迹。

但令专家遗憾的是，在马坝人遗址的发掘过程中，一直都没有发现马坝人使用的石器和他们的生活遗物，这使考古学家们十分奇怪，成了一个难解之谜。

这个谜底直到1984年8月23日才被解开。这一年，曲江县博物馆在清理从马坝人化石地点搬出的地层淤泥中，幸运地发现了两件砾石打制石器。一件为长条形砍砸器，另一件为扁圆形砍砸器，这两件打制石器的发现填补了马坝人使用石器的空白，说明岭南人的远古祖先已经懂得如何制造工具，猎取食物，将广东使用石器的年代推前至旧石器时代中期，并为探索和研究广东旧石器文化的来龙去脉提供了可贵的资料。

八卦的原意何在

八卦图是我国上古传下来的神秘未解的图形，传说是古代圣人伏羲创造出来的。《易经》中记载着在我国远古的伏羲氏时代，一匹龙马驮着一幅奇怪的图案游出黄河将它献给伏羲，这就是《河图》；又有一只神龟从洛水爬出来，龟壳上写着些神秘的符号，这就是《洛书》。伏羲氏得到《河图》和《洛书》后苦冥思想，恍然大悟后画出了八卦，用以推算历法、预测吉凶等。在中国传统文化中认为八卦图里面缊涵着极其深奥的道理，它可以推算天命、预测未来，使八卦中掺杂进了万物天定的宿命论的内容。后来的学者否定了这种迷信的说法，但关于八卦的只有传说和不确切的猜想，它因此成为中国历史中最引人入胜的未解之谜之一。

八卦图的外观是正八边形，每条边上都有一个特殊的符号，分别代表了宇宙的八种最主要的物质，即乾、坤、震、巽、坎、离、艮、兑。八卦图有"先天"、"后天"之分，先天八卦图又称伏羲八卦图，以乾坤代表天地定位，形成中轴经线，以坎离代表水火为界，作为横轴纬线。相对二卦阴阳爻相反，互成错卦。后天八卦图又称文王八卦图，即震卦为起始点，位列正东。按顺时针方向，依次为巽卦，东南；离卦，正南；坤卦，西南；兑卦，正西；乾卦，西北；坎卦，正北；艮卦，东北。一般来说先天八卦图是理论的支撑，而后天八卦图则是被实际运用的。诸如天干、地支、五行生克等配置，均以后天八卦图作为背景参考的。

八卦反映的是什么呢？根据"五经"和《周易》中的记载，八卦是太极推演出来的。《周易·系辞上传》上说"易有太极，是生两仪，两仪生四象，四象生八卦。八卦定吉凶，吉凶生大业"。这句话是说：生生之易的太极，运转中生成阴阳两种属性的物质，阴阳两种属性的物质不断分

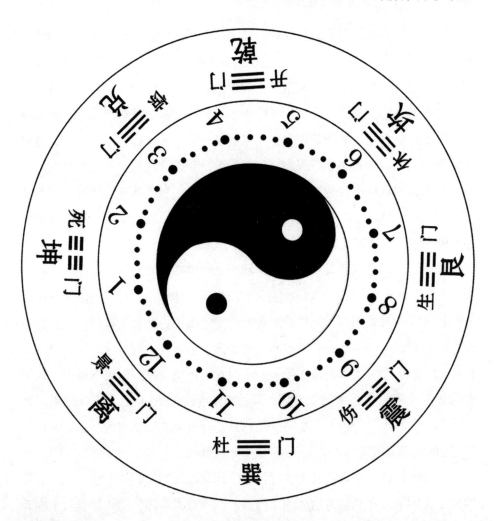

△ 太极八卦图

化、组合，又产生了"四象"和"八卦"。其中"四象"，有人解释为太
阴、太阳、少阴、少阳，而"八卦"则是指构成宇宙的八种最主要的物质，
即天（乾）、地（坤）、雷（震）、风（巽）、水（坎）、火（离）、山
（艮）、泽（兑）。因此对八卦最普遍的看法是它反映的"天道"、"地
道"和"人道"。天道所反映的是宇宙中所有事物产生、发展、变化乃至灭
亡的规律，阴阳互补是这种变化的主要特征，如季节的变化、日月的起落
等，先天八卦图是它的有机模拟和高度概括。"地道"反映的是地面万事万
物之间相互依存、克制、促进的规律，如江河奔流、生态平衡等现象，后天

八卦图是它的有机模拟和高度概括。"人道"反映的是人与自然界之间的关系，也就是说人的生存变化都不过是自然中的一员，人应该遵循自然的规律。邵庸在《皇极经世·天象数第二》中说："天地定位一节，明伏羲八卦也。八卦者，明交相错，而成六十四卦也。数往者顺，若顺天而行，是左旋也，皆已生之卦也。故云数往也。知来者逆，若逆天而行，是右行也，皆未生之卦也。"古代著名学者邵庸将先、后天八卦融会贯通，用先八卦图解释后八卦图，收获很多。他在《皇极经世》中对先、后天八卦这样说："乾坤定上下之位，离坎列左右之门，天地之所阖辟，日月之所出入。是以春夏秋冬、晦朔弦望、昼夜长短、行度盈缩，莫不由乎此矣。"

到了近代，对八卦又产生了许多解释。韩勇在《太易论》中认为八卦是反映太阳运动的："先天八卦反映了太阳相对于地球周期运转的循环规律，其运动方向与月亮相对于地球的运转方向恰恰相反，前者是顺时针，后者是逆时针，所以太阳运动的卦序方向是震、离、兑、乾、巽、坎、艮、坤。而后天八卦方位图中帝指的是太阳……是说太阳在南方乾卦位天气最干，太阳最炎，而至巽卦位，太阳就开始下落入地，到西方坎卦位太阳就已陷入地下，即日落西山。"还有科学家认为八卦是外星人的生物密码，还有人认为它是结绳记事的工具，总之是五花八门，众说纷纭。

八卦图还有一些有趣的事。现代电子计算机二进位制的创始人莱布尼茨收到了他的朋友从北京寄给他的"伏羲六十四卦次序图"和"伏羲六十四卦方位图"，他居然发现八卦由坤卦到乾卦，正是由零到七这样八个自然数所组成的完整的二进位制层数形。受到八卦图的启发，才有了二进制的发明。1930年当时在法国留学的中国人刘子华发现太阳系的各星体与八卦的卦位有对应的关系，依据这个关系，利用天文参数进行计算，他根据这些推出当时未知的第十颗行星的速度、密度等，引起一时轰动。

八卦图究竟是怎么创造出来的？八卦图有哪些作用？创造出它来究竟是为了什么目的？这些仍是围绕在八卦图上的疑云。

"万岁"何时用作皇帝的专称

我们常在电视上看见大臣称颂皇帝时大呼"万岁"。在中国封建社会里，"万岁"一词是最高统治者的代名词。"万岁"是皇帝的专有称谓，除了皇帝，谁也不敢将自己与"万岁"联系起来。据说北宋大臣寇准出行，途中遇到一个精神病患者"迎马呼万岁"，此事被寇准的政敌上书告发，结果寇准被罢去了同知枢密院事的职位，降至青州任知州。就连明朝权倾朝野的大宦官魏忠贤，也只敢以"九千岁"自居。可见"万岁"这一称谓是被"万岁爷"独占的，一般人是绝对不能使用这个称谓的。

那么"万岁"是何时用作皇帝的专称的呢？根据学者的考证，"万岁"这个词本来不是皇帝专用的。很久以前"万岁"只是表示人们内心喜悦和庆贺的欢呼语。在西周、春秋时，人们常用"万年无疆"、"眉寿无疆"等作为颂词和祝福语，传递喜悦与彼此间的祝福。如我国最早的诗歌总集《诗经》中有这样的诗句，"跻彼公堂，称彼兕觥，万寿无疆"，这里的"万寿无疆"，就是人们经过一年的辛勤劳作后，举行欢庆仪式上举杯痛饮时发出的欢呼语。此外，西周金文中也有很多这类文字，如"唯黄孙子系君叔单自作鼎，其万年无疆，子孙永宝享"。那时也不是用于对天子的赞颂，表示的只是传之子孙后代之意。随着时间的发展，后来这些颂词、祝福语发展和简化成"万岁"一词。战国时期，人们还在频繁地使用"万岁"一词。"万岁"还没有成为身份的象征。上至诸侯王，下至百姓都在使用它。而且这时"万岁"一词在不同场合还有不同的意思。这一时期，"万岁"有一种意思，即作为"死"的讳称。如《战国策》载，楚王游云梦，仰天而笑曰："寡人万岁千秋后，谁与乐此矣？"据史书上记载，孟尝君曾派门下食客冯谖，前往封邑薛（今山东滕州南）收取债息。但有些贫民实在无力还息，于

△ 北京故宫太和殿

是冯谖便自作主张，"因烧其券，民称万岁"。可见那时的"万岁"只是一种欢呼语。

那么，"万岁"一词究竟在什么时候归帝王专用呢？史学界意见并不一致，说法不一，有的认为是到秦汉以后，臣子朝见国君时常呼"万岁"，但这时还不是皇帝的唯一称呼。如汉朝礼仪规定，对皇太子也可称万岁。当时皇族中还有以"万岁"为名的，汉和帝的弟弟就叫"刘万岁"。从汉到唐，人臣称"万岁"的事例，也是不绝于书。到了宋朝，皇帝才真正的不许称他人为"万岁"。

目前多数人认为属于皇帝的"万岁"，始于汉高祖。刘邦本来不过是一介贫民莽夫，当登上皇帝宝座后，总觉得应该用一种方式来标榜自己的功德和地位。名臣叔孙通是个很聪明的人，他揣摩到了刘邦的心理，一天，在早朝上，叔孙通就说："皇上，我有事要奏。我认为必须制定一套御用礼仪制度，否则不利于维持天子的尊严。"刘邦十分高兴，连忙问他有些什么想法。叔孙通慢条斯理地将自己的想法告诉给刘邦，其中有一条认为，皇帝是天的儿子，能当皇帝的人都是有天命指派的，所以汉高祖刘邦临朝时，人们应该一起高呼"万岁"，表示对自己的祝福和敬畏。并且"万岁"应该成为皇帝的专称，一般人不能再用，因为只有皇上才有资格活上万年而不朽。刘邦马上就同意了这套礼仪制度的推行。以后，每次早朝时，"殿上群臣皆呼万岁"，朝廷上下显得井然有序，连刘邦也感到十分快意："吾乃今日知为皇帝之贵也。"从以上的说法可以看出，"万岁"的专称是从刘邦开始延续下去，并和一整套朝廷礼仪连在一起的。这套礼仪被后世不断补充、修订，越来越完善。

还有一种意见认为，汉武帝独尊儒术，"万岁"才被儒家定于皇帝一人的。据说，有一次，汉武帝出外巡游，来到雄伟巍峨的华山，爬到山顶后，一行人在一个庙前休息，突然传来有一种苍老凝重的声音连喊了三声："万岁！万岁！万岁！"，随从们急忙去四处查看，却发现没有什么人，因为皇室出游的地方是不许一般人前来的。庙里的住持说："刚才这三声万岁是山神的呼喊，是对天子的到来表示臣服啊！"汉武帝十分高兴，于是诏令天下人以后不能随便用"万岁"的称呼，只能用在皇帝身上。《汉书》上就写着，元封元年春正月，武帝诏曰："朕用事华山……在庙旁吏卒咸闻呼万岁者三。"十五年后，汉武帝又旧事重提："幸琅琊，礼曰成山。……山称万岁。"汉武帝的意思是连山神、山石都得喊他万岁，臣民岂能不呼？从此，宫廷里，宝殿前，"万岁"之声不绝于耳，既然这种称谓已为皇帝独有，其他的人若再用就是对皇帝大不敬，要受严惩的。

到宋朝，"万岁"已经绝对成为"万岁爷"的尊称了。除了皇帝，绝对不允许任何人称"万岁"。"万岁"之称人臣绝不可染指。一般百姓如果称了"万岁"，后果更不堪设想。大臣被人误称万岁，要受降职处分，北宋大将曹利用从子曹讷，一次喝醉了酒，"令人呼万岁"，被人告发，杖责而死。

由此可见"万岁"这一称谓是逐步演化成为封建帝王的专称。在这漫长的历史中，至于究竟何时"万岁"被皇帝独占，还是值得进一步探讨的。

黄鹤楼的名称因何而来

"昔人已乘黄鹤去，此地空余黄鹤楼。黄鹤一去不复返，白云千载空悠悠。晴川历历汉阳树，芳草萋萋鹦鹉洲。日暮乡关何处是，烟波江上使人愁。"这首诗你一定不会感到陌生，它是唐代大诗人崔颢游黄鹤楼后所作。后来，诗仙李白也登上了黄鹤楼，他放眼楚天，胸襟开阔，诗兴大发，正要提笔抒发豪情时，却看到了崔颢的诗，自愧不如只好说："眼前有景道不得，崔颢题诗在上头。"崔颢题诗、李白搁笔，黄鹤楼从此名气大盛。

黄鹤楼虽建于三国，但屡遭破坏，各个朝代也不断修复，然而还是屡建屡坏，最后一座黄鹤楼初建于1868年，毁坏于1884年，此后在近一百年之内未曾重修。中华人民共和国成立后，1981年10月，黄鹤楼的重修工程破土开工，于1985年6月落成，闻名遐迩的黄鹤楼再一次出现在人们的眼前。新修的黄鹤楼以清朝的同治楼为蓝本，但是在此基础上更加高大雄伟，飞檐五层，攒尖楼顶，金色琉璃瓦屋面。楼外还铸有铜制的黄鹤造型、圣像宝塔、牌坊、轩廊、亭阁等一批辅助建筑，将主楼烘托得更加壮丽。

黄鹤楼的名称究竟因何而来，还是个谜，没有定论。关于黄鹤楼名称的来历，有很多神话传说。最多是从崔颢的"昔人已乘黄鹤去"中的"昔人"一词化来。这个"昔人"就是所谓的黄鹤仙人。但是这个黄鹤仙人又是谁呢？有三种说法：一种是说仙人子安曾经乘黄鹤在此处经过，黄鹤楼因此而得名；另有一种是蜀国人费祎成仙后，曾骑着黄鹤在此休息，此楼由此称为黄鹤楼；还有一种说法是荀叔伟曾见仙人下降，并在这里摆宴设饮而得名。但是，这几个故事都没有交代黄鹤楼因何而建，由谁而建。倒是另一则"辛氏酒楼"的传说交代得最为完整。

古时候，有个姓辛的妇人在山头卖酒。一位道士经常路过此处，饮酒但却分文不给，辛氏也不予计较。在一次饮酒之后，道士为了感谢辛氏的千杯之恩，就在墙壁上画了一只仙鹤，并对辛氏说："以后客人一到，你就拍手引仙鹤下壁，它就会翩翩起舞，为客人祝酒。"一说完，道士就不见了。后来，道士的话果然灵验，这个小酒铺一时宾客盈

△ 黄鹤楼

门，辛氏也由此成了富翁。十年后，道士故地重游，临行时，吹奏铁笛。随着悠扬的笛声，白云、仙鹤飘然而至，道士跨上黄鹤直上云天。辛氏为纪念仙翁，筑地起楼，取名"黄鹤楼"。

这些神话传说，给黄鹤楼增加了很多浪漫色彩，但是黄鹤楼究竟名从何来，一些专家、学者还是持有不同的看法。很多学者认为，黄鹤楼是以地方而命名的。黄鹤楼所在的地点叫做"黄鹄山"、"黄鹄矶"。有人考证，黄鹄山就是黄鹤山。唐代李吉甫在《元和郡县志》中说："江夏（今武汉）城西南角因矶名楼，为黄鹤楼。"

但还有人认为黄鹤楼是以人名命名的。《礼部诗话》一书载崔颢在诗中自注道："黄鹤乃人名也。"其诗云："昔人已乘白云去，此地空余黄鹤楼。云乘白云，则非乘鹤矣。……当以颢自注为正。"也就是说黄鹤是人名而不是山名。

还有人认为黄鹤楼的来历既不是人名，也不是地名，而是根据形状而命名的。从楼的纵向看各层排檐看起来像展翅欲飞的黄鹤，所以才取名黄鹤楼。

自古以来，黄鹤楼名称的由来就是家家有说法，人人不相同，然而正是如此，黄鹤楼才有了这么多奇妙和神秘之处，引得无数人一睹它的风采，感念"白云千载空悠悠"的情怀和美丽。

《山海经》到底是什么性质的书

《山海经》是我国第一部描绘山川与物产、风俗与民情的大部头地理著作，还是我国古代第一部神话传说的大汇编，有着巨大的文化价值与历史价值。全书共十八篇，分为《山经》和《海经》两个部分。然而，对于这样一部体系庞大的"怪"书的性质归类，却是各有各的看法。

有一种比较有影响力的观点认为，《山海经》是一部巫术之书、记祭祀的礼书和方士之书，是古人行施巫术的参考书。鲁迅在《中国小说史略》中称："《山海经》……盖古之巫书也。"他的观点对中国学者产生了重大的影响，绝大多数人都持此种观点。班固把《山海经》置于"术数略"的"形法家"，是"大举九州之势"而求其"贵贱吉凶"，类似后世讲究"风水"的迷信之书。这是对《山海经》性质的最早说明。后司马迁认为它荒诞不经，难登大雅之堂，认为《山海经》中虽然记载了方位、山川、异域，但那是因为祭祀神灵的需要，如《海外西经》记载的"登葆山，群巫所从上下也"。此外，《海经》中所记载的海外殊方异域、神人居住的地方、怪物的藏身之处，都是秦汉间鼓吹神仙之术的方士的奇谈。由于诸多对巫术和祭祀的记载，《山海经》被归类为语怪、巫术书。

茅盾从神话学角度把《山海经》归为一部杂乱无章的神话总集，专记古怪荒诞的神话故事。这一看法很具有普遍性。《山海经》所收的神话故事源自上古历史传说，以及各地诸侯国的报表文书和采自民间的神话故事。如我们周知的"女娲补天"就来自于《大荒西经》，还有《大荒北经》中的夸父追日，《北山经》中的精卫填海、后羿射日、共工怒触不周山、大禹治水、黄帝擒蚩尤等这些神话传说都来自于《山海经》中的记载。

此外，还有不少学者认为《山海经》是一部自然地理和人文地理专著，是"第一部有科学价值的地理书",具有极高的军事价值和政治价值,它详细地记载了境内山川地貌的距离和里数,还记录了各个地区的山脉、河流,以及草木、鸟兽、矿藏等,还有关于各地的特产和风情的记载。

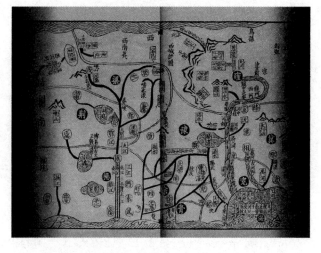
△ 《山海经》九州山川实证图

近世的许多学者,也都认为它是一部既有科学内容、又杂有巫术迷信成分的地理志。既是历史地理学家又精通古代神话和宗教的顾颉刚颇赞同此观点,或许是为了在巫书与地理志之间寻求一种平衡与融合。很长一段时间内,《山海经》是地理书似乎成了定论。但是后来也有人认为,虽然《山海经》记述了山川、异域,但是它并不是以讲述地理为目的,不能够把它误认为是一部实用的地理书。

还有一种观点,认为《山海经》是根据图画记述的。在晋代,陶渊明有诗曰:"泛览周王传,流观山海图,俯仰终宇宙,不乐复何如?"《山海经》中有些文字,如"叔均方耕"、"长臂人两手各操一鱼",确实是根据图片来述说的。根据我国古代很早就有的关于山川地图的记载,可以推测出《山海经》成书时有一种绘载山川道里、神人异物的图画,也就是说最早的《山海经图》是图文并茂的,上面既有图形图画,多为一幅幅线描的怪兽人神插图,也有文字,还有大量图画式的文字。

《山海经》是实用的自然地理和人文地理专著,还是杂乱古怪的神话?是奇士编撰的小说,还是巫术和方士之书?它成书于什么时代,作者又是谁?谜底仍未解开,还有待于新的发现和进一步探讨。

曹植为何写《洛神赋》

曹植（192～232），字子建，曹操第三子，曹丕的亲弟弟，他生于乱世，在军营中长大，但他博学多才，深得曹操的宠爱，曾经几次被提议立为太子。曹植因生性放任，饮酒过度，导致他在和曹丕争当太子的斗争中失败。曹丕称帝后，并没有停止对曹植的打击和迫害，曾多次贬低曹植的爵位和改换封地。明帝曹睿即位后，拒绝曹植的一切请求，曹植最终在困顿苦闷中死去。

曹植的文学作品明显分为前后两个时期：前期，他与曹丕一起是邺下文人集团的核心之一，他们经常游山玩水，吟诗作赋，抒写自己的政治理想，也写了一些时局动荡和反映人民苦难的作品；后期作品则主要是抒写自己被迫害的无限抑郁悲愤之情。《洛神赋》是曹植的后期代表作，被赞为是可以与屈原的《九歌·湘君》相媲美的传世佳作。《洛神赋》构思神奇，形象生动，语言自然而绮丽，是建安文学中赋的代表作。但人们一直在猜测曹植的《洛神赋》是为谁而写的呢？

《洛神赋》作于223年，关于这篇赋到底是为谁所写历来人们说法不一。有人认为，《洛神赋》是曹植为了怀念他死去的嫂子甄后所作，所以又名《感甄赋》。甄后原是袁术的儿媳妇，曹操攻城时见甄氏貌美如花，清新可人，就将她给了曹丕。曹植一直很喜欢他的这位嫂子。《文选》记载，甄后死后，曹植进京拜见曹丕，无意中看到嫂子甄后留下来的遗物，睹物思人，曹植不禁潸然泪下；回封地的途中，经过洛水，由于极度伤心再加上旅途劳累，神情恍惚，眼前浮现甄后的幻影，曹植悲喜交加，一时文思泉涌，一气呵成写下了《感甄赋》。魏明帝看后，为他的才华所折服，但认为赋名不妥，改为《洛神赋》。但这种说法史书上没有记载，多流行于民间，有的学者认为这是老百姓根据当时民间流行的《感甄记》改编演化而来的，没有充分的文献证据，不可信。

还有人认为曹植在《洛神赋》中塑造了一个美丽痴情、但又被猜忌怀才不遇的洛神形象，曹植以此来比喻自己空怀为国建功立业的宏图大志，却屡遭排挤迫害、无力回天的生活状态。这正好应和了赋中人神相恋，但最终不能结合的悲惨命运。

千百年来，关于《洛神赋》是不是为甄后所写这个问题人们一直争论不休，许多人认为《洛神赋》不可能是曹植为甄后写的，他们也举出了各自的理由，代表性的有以下几种有人认为由曹植当时所处的环境来看，曹植爱上甄后是不可能的，退一万步讲，即使曹植真爱上了甄后，就曹植和曹丕当时极度紧张的关系来看，曹植也不可能有那么大的胆量写《感甄赋》，曹丕本来一直对曹植争夺太子之位耿耿于怀，多次寻找机会置曹植于死地。这有历史上那著名"煮豆燃豆萁，相煎何太急"的七步诗为证；还有人认为在中国封建社会小叔爱上嫂子，在民间看来是乱伦，是禽兽之举，是民间所不能接受的，如果这篇赋真是如此，也不会在民间广为流传；还有一些人认为《洛神赋》和《感甄赋》并不是一篇文章，持这种观点的人认为《感甄赋》也确有其文，但不是《洛神赋》；另一种代表性的观点是《洛神赋》中的女神形象是曹植比喻自己，历史上男性文豪用女性形象来比喻自己的比比皆是，因此也不排除曹植用洛神比喻自己的可能。

当然，与此同时，还有很多人坚持认为《洛神赋》是曹植为甄后所写，洛神就是甄后的比喻，并举出许多文献材料来佐证。他们指出《太平广记》和《类书》两本书中都记载洛神就是甄后。著名感伤诗人李商隐在他的诗中也曾经多次引用曹植怀念甄后的故事。现代大学者郭沫若也认为魏晋时代的男女关系已经不是那么严格，他在《论曹植》一文中明确表明他的观点，《洛神赋》是曹植为怀念他的嫂子甄后所作的。

曹植为何写《洛神赋》呢？关于这个问题，也许未来的某一天，更多历史文献材料的发现，会为我们解开这个谜，我们期待着那一天的早日来到。

贴春联之谜

在中国过春节最为盛行也最具有诗情画意的应该是"总把新桃换旧符"的春联了。春联是对联的一种，也叫"门对"、"春贴"、"对联"、"对子"。过年时，各家的街门、屋门的门框上，都贴春联，门楣上还要贴"横批"。春联既可高悬在大雅之堂，又可张贴在茅屋之中，它以工整、对偶、简洁、精巧的文字描绘时代背景，抒发美好愿望，是我国特有的文学形式。

春联作为一种独特的文学形式，在我国有着悠久的历史。春联是从桃符演变来的，又称"桃版"。传说中黄帝时代，鬼国在度朔山上，那里有一棵枝干覆盖3000里的大桃树，黄帝的神官神荼、郁垒每到除夕都要在树下审问群鬼，把干坏事的鬼捆了喂白虎。所以古人认为桃木是五木之精，能制百鬼，从汉代起就有用桃木作魇胜之具的风习，以桃木作桃人、桃印、桃板、桃符等辟邪。最早的门神像是以桃木刻成的，后来改成桃木板或桃木条画神荼、郁垒画像，挂在两扇门上，称为"桃符"。后来人们为了方便书写开始在过年时写吉祥话于桃木板上，逐渐成为春联。但作为以文字形式表现的春联究竟是什么时候出现的，众说纷纭，到现在仍然是中国传统文化的未解之谜。

一种说法认为春联的出现是由于明太祖朱元璋的提倡，因此春节贴春联的民俗应该是在明代开始盛行的。据史书上记载，号称"对联天子"的朱元璋酷爱对联，不仅自己挥毫书写，还常常鼓励臣下书写。清代的陈云瞻在《簪云楼杂话》中记述道："春联之设，自明太祖始。"有一年除夕，朱元璋兴致大发，传旨全国，不论是公卿大臣还是平民百姓，家家户户门上都要贴一副对联，以示普天同庆。第二天，他悄悄微服出宫去，沿着大街边走边看，看见有一家的门上什么都没有，朱元璋便敲门进去，装作路人打听他们怎么敢违抗圣旨。主人愁眉苦脸，唉声叹气的告诉他："我家是阉猪为生的，自己根本不会写字，请人代笔别人又看不起我的身份不愿帮我写，实在是没办法啊。"朱元璋听后大笑，对主人说："拿笔墨纸砚过来吧，我写一副对联送给你。保证不仅符合你的身份，还会奇巧幽默、对仗工整、平仄协调。"等对联写成后，围观的人都连声叫好。阉猪人也大喜过望。联上写着"双手劈开生死路，一刀割断是非根"。后来有人认出了朱元璋，这件趣事传开了。以后当时的文人也把题联作对当成文雅的乐事，写春联便成为一时的社会风尚。

但是专家认为如果以此就说春联始于朱元璋的说法是很不准确。原因是历史记载，春联在我国有着悠久的历史，发展到今天已经有一千多年了，作为一种独特的文学形式。它从五代十国时就开始，到朱元璋的时候不过是很兴盛了。中国最早的一副春联是后蜀之主孟昶所写的，据《宋史·蜀世家》上记载着964年的除夕：蜀后主孟昶命学士为题桃符，以其非工，自命笔题云："新年纳余庆，佳节号长春。"这副"新年纳余庆，佳节号长春"流传开后才被认为是中国春联的来历。宋代过年写春联已经相当普遍了，在《宋史·五行志》、《梦粱录》、《癸辛杂识》等古籍中都有记载。王安石的《元日》诗中写的"千门万户曈曈日，总把新桃换旧符"就是当时春联盛况的真实写照。入清以后，乾隆、嘉庆、道光三朝，对联犹如盛唐的律诗一样兴盛，出现了不少脍炙人口的名联佳对。

虽然春联的来历还是中国文化的未解之谜，但它代表了人们对新一年的期盼，在历史上留下了众多佳句"春风阆苑三千客，明月扬州第一楼"、"爆竹一声除旧岁，桃符万户迎新年"、"天增岁月人增寿，春满乾坤福满门"、"门迎春夏秋冬福，户纳东西南北财"等，这些成为中国传统文化中的宝贵遗产。

古代皇帝妻妾人数之谜

都说古代的皇帝妻妾成群，后宫美女如云，那么古代皇帝究竟有多少后妃呢？其实，历代皇帝的后妃远不止"三宫六院"，少则数十人至数百人，多的竟达数千人至上万人！

自从进入奴隶社会和封建社会，中国男子可以拥有多名妻妾就被制度化了。据东汉建初年间（公元76~84年）的经学法典《白虎通》称："诸侯娶九女也。"即诸侯（国君）可以娶九个后妃；又曰："天子娶十二，法天，则有十二月，百物毕生也。"因为自然界中一年有十二个月，阴阳和谐，"百物毕生"，所以，作为上天在人世代表的天子也应该有十二个妻子，这样才能显示出天子历象日月，取理阴阳，承天统理的超然性。当然，这只不过是古代人设想的一种"理想"的制度而已，并没有得到真正的执行。那时的诸侯（国君）根本就不满足娶十二个妻子，其后妃人数早已超过"法天"之数，据说上古三代（夏、商、周）时期的周文王就有后妃二十四人。

至春秋、战国时代又如何呢？据《礼记·昏义》说："古者天子后立六宫，三夫人，九嫔，二十七世妇，八十一御妻。"但当时大多数国君的妻妾都动辄数百数千，如《孟子·尽心篇》云："食前方丈，侍妾数百人。"赵岐注曰："侍妾众多至数百人。"《墨子·辞过篇》云："当今之君，其畜私也。大国拘女累千，小国累百。"《管子·小匡篇》云："（齐）襄公高台广池，湛乐饮酒。田狩毕戈，不听国政，卑圣侮士，唯女是崇；九妃六嫔，陈妾数千；食必梁肉，衣必文绣，而戎士冻饥，戎马待游车之弊，戎士待陈妾之余；倡优侏儒在前，而贤臣在后；是以国家不日引，不月长，恐宗庙之不扫除，社稷之不血食。"拥有数千名妻妾，只顾享乐，不理国政，其国祚自然是不会长的。

秦始皇灭六国后，仿修各国宫殿，将原六国宫中与各地挑选出来的佳丽上千人，全部收为自己的后宫。西汉有名号的后妃共分十四等：昭仪、婕妤、婧娥、容华、美人、八子、依充、七子、良人、长使、少使、五官、顺常、无涓（这一等还分为共和、娱灵、保林、良使、夜者等五级），汉高祖、文帝、景帝三代宫女仅十几人，至元帝时宠幸三千，难怪一代美女王昭君入宫三年，竟未得见皇帝一面。东汉的皇帝比起西汉皇帝来更有过之而无不及，除了后宫中的皇后、贵人、美人和宫人之外，还定期从民间选采美女供皇帝纵欲，凡年龄在十三岁以上、二十岁以下的美女都难逃魔掌。史书记载，汉桓帝"博采宫女至五六千人"，对此，《后汉书·荀韩钟陈列传》中描述道："及三代之季，淫而无节。瑶台、倾宫，陈妾数百。阳竭于上，阻隔于下。""闻后宫采女五六千人，冬夏衣服，朝夕禀粮，耗费缣帛，空竭府藏……以供无用之女。"由此可见，这一时期皇帝广纳妃姜现象非常严重。

到了魏晋，由于社会动乱不稳，不少人滋生一种及时行乐的心理，道家也开始大肆宣扬房中术，在皇帝身上就表现为荒淫纵欲更胜前朝，就连尚想有所作为的政治家曹操，也修筑起铜雀台以广蓄天下美女，用大量宫女进行房中术的试验。晋代皇帝的正式后妃依照祖法只有三妃、九嫔，以下另设美人、才人、中才人，但是晋武帝司马炎竟然将后宫的美女人数扩充至一万人。

隋代的炀帝素以生活荒淫糜烂而遗臭后世，他的后宫里就有五千美女，加上各地行宫中的宫女，其后宫人数超过一万。他动用役夫数万，大兴土木，建造了一座豪华奇巧的"迷楼"，将数千美女关在楼中，"仙游其中"，每一幸或经月不出。他还数次游幸江都，从长安至江都沿途设行宫四十余所，并凿京杭大运河以便其游幸，每次出游都有数百至上千名妃姜在船上和岸上陪侍。

后妃人数最多的纪录当非唐玄宗李隆基莫属。白居易曾有诗说唐玄宗"后宫佳丽三千人"，杜甫则称"先帝侍女八千人"，但这两个数字都说得太保守了。唐制后妃一百二十人，但据《新唐书》记载，开元天宝年间（713～756）从皇宫到各地的行宫，唐玄宗拥有的妃姜人数竟多达四万！即使能活上一百岁，不论年幼及年衰，每天"宠幸"不止，这四万名妃姜唐玄宗也宠幸不过来，何况自从有了杨贵妃，"三千宠爱在一身"，他哪里还顾得上其他妃姜。宋代以后，皇帝的后妃人数开始减少，再也没有一个皇帝"挑战"万人的记录。

明代开始建立起一套较规范的选秀女制度，经常从民间采选妃嫔。如明世宗朱厚熜在位多年未生育皇子，虽然有宫女近千，但他仍嫌不够，命内阁采选，于是礼部立即给他弄来三千名少女。一般每次采选秀女，人数都在三百名左右，入宫后名号仅有妃一级，位最高的称为贵妃。除了公开采选，明代有的皇帝甚至还强行搜掠民间妇女为妃姜，如明武宗朱厚照外出巡游时，近侍便预先掠取良家妇女备其召幸，有时多达数十车。这些妇女被选入宫内，除了供皇帝玩弄、使役之外，还要从事繁重的苦役，终生失去自由，不堪凌辱。明代有一首诗就描写了这些秀女的凄惨命运："六宫深锁万娇娆，多半韶华怨里消。灯影狮龙娱永夜，君王何眼伴纤腰。"由于明代后宫妃姜人数众多，有的人连饭都吃不上，经常发生饿死人的事情。

清朝皇帝对妃嫔的数量作了明确规定，且对宫女数额也作了限制。康熙曾对阁臣们表示："明季宫女至九千人，内监十万人，今则宫中不过四五百人而已。"他还规定，皇帝可以有一个皇后、一个皇贵妃、两个贵妃、四个妃、六个嫔，另外还有贵人、常在、答应等，贵人以下数量不等，凡是皇帝驾幸的都可以纳入其中，这些后妃分住乾清宫两侧的东西六宫。康熙本人共有五十五名有名号的后妃，乾隆共有四十一名后妃，他们两人的后妃人数在清朝皇帝中是最多的，以后的几代皇帝都未达到妃嫔典制所规定的数量，最少的是光绪，只有一后二妃。

历史上，只有隋文帝杨坚和明孝宗朱祐樘只娶了一个妻子，不设妃姜。不过隋文帝在独孤皇后去世后，又宠幸上了其他宫女，因此只能说他有一个配偶，但不能说他只有一个女人。而明孝宗据史书记载，他与张皇后"笃爱宫中，同起居，无所别宠，有如民间伉俪然者"。他死后，其墓旁也只有张皇后一人而已。此外，清朝的末代皇帝溥仪六岁时清王朝便被推翻了，还来不及娶后纳妃。

慈禧书画"真迹"之谜

2004年7月，沈阳故宫曾展出百件国宝级珍品，其中有一幅据称是慈禧太后真迹的《富贵长春图》，令参观者纷纷称颂，媒体报道时称慈禧的书画作品"惊艳众人"。历史上的慈禧太后真的会画画吗？

有人评价说，以慈禧的身份地位和性格，其书法作品具有一种特有的霸气，雄浑大气，不同于一般妇人之作。而她的绘画作品中则不乏笔道文弱纤细的鱼虫画。媒体报道时甚至称慈禧的书画作品"惊艳众人"。无独有偶，2003年，在深圳也举办过一次"清朝皇室书画展"，展出了广东省博物馆和北京艺术博物馆馆藏的八十多幅清朝皇室书画作品，其中展出有慈禧的书法和墨梅、金鱼、花卉绘画作品。

△ 慈禧《富贵长春图》

慈禧太后在中国历史上可谓臭名昭著，她逆历史潮流而动，反对维新变法，镇压进步思想，在同治和光绪两朝两次垂帘听政，将清末政治搅得一团混乱。然而，除了除热衷政治、善弄权术之外，一些历史资料也显示，慈

△ 慈禧太后

禧在日常生活中很喜爱书画，尤其爱以自己所作的书画赏赐群臣，以示恩宠，笼络人心。看来慈禧在书画方面的确也会舞弄一两下子。

慈禧生于道光十五年（1835），死于1908年。她的父亲名惠征，是镶黄旗人，曾经担任过安徽的候补道台及归绥兵备道台。古时候的官宦人家，父母多督促子女学文习武，惠征也不例外。清人入关以后，对博大精深、源远流长的汉文化非常折服，加之出于笼络汉族人，强化和巩固其统治的需要，对汉文化的学习也是非常重视的。慈禧年轻时，也像许多官宦人家子女一样，读书、学画、下棋、弹琴，还经常骑马射箭，尤其对文学、书画和历史很感兴趣。内蒙古自治区呼和浩特市内的清朝绥远大将军署衙，现在被辟为慈禧太后少女时代家庭生活的展室，展出惠征当年在绥远（今内蒙古呼和浩特）任归绥兵备道台时一家使用过的生活用品，里面就展示有两幅慈禧年轻时手绘的国画。

慈禧虽然也能书会画，但是距离大家的水准则相去甚远。实际上慈禧本无艺术才华，其赏赐给臣下的书画大多由别人代笔的，钤上慈禧专用的印章，便成了慈禧本人的作品。这些作品，严格地说，称为"慈禧款的书画"可能更准确一些。那么，慈禧亲手所作的书法与绘画又是什么样子呢？北京故宫博物院藏有一件慈禧于1904年7月2日用朱砂墨写的《磐若波罗蜜多心经》，由此可以管窥到慈禧书法的真实面目。其字结构呆滞松散，笔力孱弱稚嫩，毫无生气，属于初学墨书的水平。另有一幅"蓼花螳螂"画稿，当是慈禧的亲笔绘画，上面钤有"慈禧皇太后御笔之宝"，画上有老师所作的批语，其中不乏"板墨甚有佳处"、"好"、"有笔意"等阿谀之词。然而据行家品评，其画也只能算是初学者的水平：蓼花几如断枝枯叶，枝与枝之间杂陈不接，叶与花零乱，其用笔畏缩迟疑，全无功力，一只螳螂也画得离骨岔气不合章法。由此可见，慈禧的绘画能力还远没有达到独立成画的水平。

据清史研究专家称，慈禧的文化水平并不高，她很少自己写文件，一般都是口头传达，她的字也写得一般。据光绪皇帝的日讲起居注官恽毓鼎之子恽宝惠著文回忆，慈禧身边专门有人为她代笔书画，其中一个名叫缪嘉蕙。缪嘉蕙字素筠，云南昆明人，她是在宫内教慈禧太后习画及代笔的唯一的汉族女官。缪素筠入宫后，因惯于官场世故，又加上她唯诺承上、和气对下，故博得上至后妃、下至宫监的一致称赞，宫内都称她为"缪太太"。慈禧非常喜欢缪嘉蕙，对她优礼有加，赏三品服饰，每月给她二百两银子，这在当时是相当高的，还免其跪礼，常令其位居左右，教慈禧画画或为她代笔作画。而清末宫廷画家屈兆麟也是为慈禧代笔的重要书画家之一，他主要是代笔画松、鹤等。

由于慈禧的书画水准不高，艺术鉴赏力和表现力都比较低劣，所以她执政期间宫廷绘画十分平庸，既没有产生有创造力的画家，又没有创作出对当时画坛或未来画坛有影响力的作品。晚清的宫廷绘画在来自民间的、艺术上生机勃发的"海派"绘画的映衬下，越发显得苍白无力，以致常使人们忽略了它的存在。

古代帝后礼服冠饰之谜

　　说到皇帝的服饰，人们自然而然就想到龙袍，金黄灿烂的龙袍可谓是皇帝服饰的代表了。其实，古代的皇帝和皇后除了龙袍以外，穿着服饰的种类和样式是非常繁多的。

　　皇帝的衣着服饰历来不仅仅是用来防暑御寒的，它还是地位和权力的象征，神圣与威严的体现。皇帝、皇后以及妃嫔、宫女、朝臣在什么场合穿什么衣服，都有严格的规定，因而可以说，帝后所穿的衣服是体现中国古代社会繁复礼仪的载体。

　　古代皇帝的服饰种类很多，头上戴的有冕、冠、弁、帻（一种包头发用的巾）、帽巾、缨、簪；身上穿的有衮袍、中衣、单衣、裘、衫、褂、裳、裤褶等，外饰带、佩；脚下则有舄（古代的一种复底鞋）、靴、履、袜，其中有些服饰还是从先秦时期流传和演变下来的。到了清朝，更是品种繁多，样式复杂。皇帝服饰的穿戴非常讲究，要根据不同场合、不同季节经常更换，以致中国古代的舆服制度纷繁复杂，连皇帝自己都弄不清楚该怎么穿戴，皇宫里必须有一批太监专门掌管皇帝每天的穿戴，同时保管数量众多的皇帝服饰，清朝还为此专门建立了一种档案，称为《穿戴档》，专门记录皇帝每天的服饰穿戴情况。

　　冕是古代皇帝的重要礼冠，由冕版、冠及缨等组成，冕版的形状为前圆后方，前低后高，大概暗含俯视群臣之意吧。冕版前后各有十二旒五彩垂丝，《礼记·玉藻》孙希旦集解："王祭天之冕，其旒前后各十有二，每旒之上，以五彩玉为饰，又以五彩丝为绳以系玉，谓之藻。"汉时冕的冠为黑色，里裹朱色，以白玉珠为旒悬彩色组缨。宋时将唐朝的冕由八种规格统一为长一尺六寸、宽八寸，顶上用青罗绘制龙鳞图案，里面用红罗绘制紫云白鹤。明代时改垂旒为七彩玉珠，每旒串玉珠九颗（白色三颗，红蓝绿各两颗）。自清朝起，皇帝不再戴冕。

龙袍的正式名称应该是吉服，是由先秦两汉时期的深衣演变而来的，属于礼服，规格仅次于衮冕服。古代皇帝的衮冕服配合冕一起穿戴，一般用于祭庙、登基、大婚、元旦受贺等重要场合，由于穿着不便且不实用，所以皇帝多数时间穿的是吉服和常服。从隋唐时起，皇帝的吉服上开始绣龙的图案，所以称为龙袍。这种绣有龙图案的袍服只有皇帝、太子才可以穿，清朝则后妃也被允许穿龙袍。

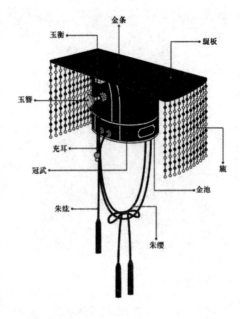

△ 王冕示意图

汉代的皇帝衮袍颜色不定，多为上黑下红，唐代是红色和黄色的，从此黄色开始成为皇帝的专用色彩。龙袍上绣有形态各异、栩栩如生的十二纹章，唐代的十二纹章是：上衣为日、月、星辰、山、龙、华虫、火、宗彝，下裳为藻、粉米、黼（音fǔ）、黻（音fú）。到了明代，则上衣下裳各六章，宗彝也绣于下裳。其中日、月、星辰寓意明光照临；山布散云雨，寓意皇帝责备天下；龙变化无方，取意应机布教；华虫即野雉，身披五彩，取意体兼文明；火代表天子修身浴德，至圣日新；宗彝为两只刚猛的动物，代表神武定乱；藻逐水上下，代表天子随代而应；粉米代表滋养；黼为斧形，取其决断之意；黻为两己相背形，取君臣可否相济之意。将天下最美好的比喻和赞美都用在皇帝衣服上，无非是表示皇权神授，帝德完美。

元代龙袍的纹样为过肩盘龙式，前胸和后背皆以大型柿蒂窠作过肩龙，两袖上部为行龙（即侧身的龙，按照上下不同的朝向分为"升龙"和"降龙"），袍的下摆也为一栏行龙，这种龙袍的形式被明统治者沿用。

清朝的皇帝龙袍规定为明黄色，领口和袖口为石青色（即深蓝色），

△ 清代龙袍

片金缘，上面绣有五爪纹金龙九条，另有十二纹章及五色祥云，下幅是八宝和立水即水波纹，左右开襟，质地为夏纱冬裘春秋棉。灿烂的黄色与龙纹云饰构成了古代尤其是明清时期皇帝服饰的主要特征，显得既尊贵博大又威严肃穆。清朝龙袍款式，朝服上仍为柿蒂窠过肩龙，但下摆处有多个小团龙而不是明代的行龙了；日常的袍服则前后均有三条龙，呈品字形排列，左右是双龙过肩，下摆则为有一定高度的江崖海水。

到了清朝乾隆年间，帝后的冠服制度得到进一步完善，既沿袭了中国历代皇帝"崇尚黄色、衣纹云龙"的传统，又保留和引进了满族服饰中披领、马蹄袖的风格，使皇帝的服饰更具民族性和时尚特征。清朝皇帝的服饰按穿戴用途可分为礼服、吉服、常服、行服和雨服等几种。礼服是在大朝、大祀等比较隆重的典礼上穿的，包括朝冠、衮服、端罩（冬季罩在衮服外以保暖）、朝珠、朝带等，其穿戴方式都有严格的定制。其中衮服以石青色为地，两肩及前后胸均绣有一正金龙（正龙即正身的龙），一共四个团龙，并伴有日、月、万寿篆文及五色云纹饰。吉服就是龙袍，用于一般的典礼，如劳师、受俘、赐宴、祝寿等日常活动。常服即皇帝平时在内廷穿着的便服，一般为石青色对襟长服，无领、平袖，花纹也简单得多。还有一种大襟袍，颜色及花纹均无定规，袖端为马蹄式，裾四开。行服是皇帝外出巡幸、出征等时穿着的行装，有褂、袍、裳几种样式，行褂为石青色对襟短褂，无领、平袖及肘，衣长遮至臀部；行袍与常服袍的样式差不多，只是袍长稍短，右裾缺少一尺，另外补上一块，以纽扣连接，所以又叫"缺襟袍"；行裳前长后短，上宽下窄，左右各一幅，里面有毡夹里子可以脱卸。雨服是皇帝朝会或外出狩猎遇雨时穿着的衣服，样式较多，一般多为油绸布制成，左右两幅相交，上敛下宽，两端渐削为带状，穿时在腰间打结系住。

炎热的夏季，皇帝经常只穿着衫作为便服。古代称内衣叫中衣、中单，直接穿在外面的就叫衫，单层的薄袍则叫做袍衫，一般用纱或绢制成。

古代皇后和妃嫔们大多数时间都待在后宫里，所以服饰种类比皇帝相对要少，其中正式的礼服

△ 清代皇后凤袍

只在受册和谒祖庙时才穿着。汉代的皇后礼服为上红下黑；唐宋时期皇后在受册、祭祖、朝会时穿深青色的衣服，上面绣有翠翟（即野鸡）的图案，领口是黑白相间的花纹，袖口和衣边用红罗为缘饰。头上则盘宽两鬓，插十二枝花，这是最为盛妆的头饰。平日则穿细钗礼衣，头上也只戴细钗即可。明代皇后的礼服分为两种，一种为袆衣，一种为翟衣。袆衣上绘有赤质翟共五色十二等，袖口衣边用红罗为饰，外加深青色的大带。翟衣上织有翟纺十二等，中间点缀着小轮花，衣领、袖口和衣边均饰红色，礼服配凤冠穿戴。明代皇后的常服包括凤冠、霞帔和玉带。

清朝皇后的服饰包括朝褂、朝袍、朝裙、龙袍和龙褂等。朝褂形似长坎肩，穿在朝袍外，石青色地，片金边儿，上面绣有龙的图案和万福万寿纹样。朝袍为明黄色，披领及袖为石青色，前后胸及领、袖各有一条金龙，还绣有五色祥云和八宝平水，也有的腰帷绣四条行龙，下幅为八条行龙，前后各一条正龙，两肩各一条行龙。朝裙有叠褶，上为红色织金寿字缎，下为石青行龙妆缎，夏天则以透气凉爽的纱为裙料。龙褂和龙袍分别为石青色和明黄色，绣饰稍微简单，但仍用华贵的织绣物来装饰。穿着朝服时，头上还要配戴朝冠或吉服冠，胸前垂挂三盘朝珠。

至今无人能破解的禹王碑之谜

在岳麓山顶的石壁上，镌立着一块高1.84米、宽1.40米的大石碑。因最先发现于衡山岣嵝峰，又称岣嵝碑，碑文9行，每行9字，共77字，末行空四字。字体苍古难辨，据说郭沫若花三年，仅识三字。这就是至今无人能够破解的禹王碑。

由于禹王碑碑文字形奇古，有的说是蝌蚪文，有的说是鸟篆。但历代学者大多认为是商周或商周以前的文字。自明代嘉靖年间再现大日后，禹王碑引起许多学者的兴趣，但是虽经历了近千年的时间，然而因其碑文的内容至今尚无定论，能成一家之言的有以下几种：

第一种："大禹治水"说。这种说法来自于明代的大学者杨慎，他曾撰禹王碑释文："承帝日咨，翼辅佐卿。洲诸与登，鸟兽之门。参身洪流，而明发尔兴。久旅忘家，宿岳麓庭。智营形折，心罔弗辰。往求平定，华岳泰衡。宗疏事裒，劳余神。郁塞昏徙。南渎愆亨。衣制食备，万国其宁，窜舞永奔。"杨慎的释文也多采用为现在禹王碑的释文。

第二种："帝王颂词"说。自杨慎释文后，又有明代沈镒、杨时桥、郎瑛，清代杜壹，当代长沙童文杰、杭州曹锦炎、株洲刘志一等人先后作"岣嵝碑释文"。许多考释者都没有突破"大禹治水"的框框，而近年一些学者则认为"禹碑"并非禹碑，而是战国时代越国太子朱句代表他的父亲越王不寿上南岳祭山的颂词。也有观点认为岣嵝碑为公元前611年所立，内容是歌颂楚庄王灭庸国的历史过程与功勋。

千古奇碑使得历代学者专家破译说法不一，至今未能找到令人信服的说法，留下千古之谜。

中国明十三陵碑文之谜

今天人们能看到的明十三陵中，除了明成祖朱棣的长陵的石碑上有碑文，其余十二陵的石碑上都没有碑文，成为无字碑。虽然我国历史上无字碑很多，但像北京明十三陵这样，十三陵中有十二陵无碑文，还是很罕见的。

这些石碑为什么不刻文字呢？历史文献中没有详细记载其原因。不仅令今人不解，早在清朝乾隆皇帝觉得此事蹊跷，在他御制的《哀明陵三十韵》中写道："明诸陵，唯长陵有圣德神功碑文，余俱有碑无字。检查诸书，唯徐乾学《读礼通考》载，唐乾陵有大碑，无一字，不知何谓？而明诸陵效之，竟以为例，实不可解也。"

有人推测，世宗迷信道教，庄老之学的"无为而治"导致了世宗认为无字之碑较之有字之碑在等级上更高一筹，是更高、更伟大的意境表现。也有人认为，这是因为世宗认为碑上无字，可以表示祖先功德无量。但是，这种推理显然有不合理之处，世宗如果那样以为，为什么不在显陵前面也立一通无字碑呢？又何必劳心费力撰写碑文，而使父陵石碑降下一等呢？而且，这种"彰显功德"的方式，如果说对长陵以外其余六陵尚可敷衍的话，那么对长陵来说便是毫无意义了。因为长陵早已立有神功圣德碑，而且碑上是有文字的。

这么说来，合理的解释只可能是世宗立碑本意是要刻字的，但后因碑文的撰写存在着难以解决的问题，才不得不搁笔不写。以后的皇帝看到祖宗碑上没有碑文，出于对祖辈的尊敬再立碑时也就空下来不写了。

第一风流才子唐伯虎是否真有舞弊行为

唐伯虎点秋香是很多人熟知的故事。说他在庙中遇到秋香，一见钟情，就假装下人，去相府做仆人，以求亲近秋香。当然，这些故事，是真是假，不得而知，但他一生没做过官，确是事实。

唐伯虎，名寅，字子畏、伯虎，号六如居士、桃花庵主，自称江南第一风流才子，也是江南四大才子之一，其人在绘画和诗文方面有着很高的成就。唐伯虎自幼天资聪敏，熟读四书、五经，并博览史籍，16岁秀才考试得第一名轰动了整个苏州城，29岁到南京参加乡试，又中第一名解元。

30岁那年，唐伯虎踌躇满志地赴京会试，却牵涉一桩"科举舞弊案"，从此一蹶不振，凄凉一生。在清朝大臣张廷玉主编的《明史》中，对此事有明确的记载："未几，敏政总裁会试，江阴富人徐经贿其家僮，得试题。事露，言者劾敏政，语连（唐）寅，下诏狱，谪为吏。（唐）寅耻不就，归家益放浪……晚年颓然自放……"

△ 唐伯虎人物画

一般说法是与他同路赶考的江阴巨富之子徐经，暗中贿赂了主考官的家童，事先得到试题。事情败露，唐寅也受牵连下狱。当年京城会试主考官是程敏政和李东阳。两人都是饱学之士，试题出得十分冷僻，致使很多应试者答不上来。其中唯有两张试卷，不仅答题贴切，且文辞优雅，使程敏政高兴得脱口而出："这两张卷子定是唐寅和徐经的。"这句话被在场人听见并传了出来。

唐寅和徐经到京城后多次拜访过程敏政，特别在他被钦定为主考官之后唐寅还请他为自己的一本诗集作序。这已在别人心中产生怀疑。这次又听程敏政在考场这样说，就给平时忌恨他的人抓到了把柄。这些人纷纷启奏皇上，均称程敏政受贿泄题，若不严加追查，将有失天下读书人之心。孝宗皇帝十分恼怒，立即下旨不准程敏政阅卷，凡由程敏政阅过的卷子均由李东阳复阅，将程敏政、唐寅和徐经押入大理寺狱，派专人审理。

△ 唐伯虎山水画

徐经入狱后经不起严刑拷打，招认他用一块金子买通程敏政的亲随，窃取试题泄露给唐寅。后刑部、一吏部会审，徐经又推翻自己供词，说那是屈打成招。皇帝下旨"平反"，程敏政出狱后，愤懑不平发痈而卒。唐寅出狱后，被谪往浙江为小吏，但唐寅耻不就任。

关于这场会试泄题案，记载很多，说法不一。实际上这是统治阶级内部斗争的结果。《明史·程敏政传》云："或言敏政之狱，傅瀚欲夺其位，令昶奏之，事秘莫能明也。"但毫无疑问，这一事件对唐寅来说是极其严重的。从此唐寅绝意仕途。归家后纵酒浇愁，游历名山大川，决心以诗文书画终其一生。

妖书案中"妖书"的真正作者是谁

明神宗的皇后没有生子，按照祖宗的礼法，应该立长子为太子，但是明神宗的长子是宫女所生，于是他就想立宠爱的郑贵妃之子为太子。但是，这遭到了皇太后和朝廷一些大臣的反对。皇帝与大臣间的这次斗争又称为"国本之争"。大臣力争，要立朱常洛为太子，明神宗一拖再拖，大臣再争，争了15年，使得宫廷斗争变得错综复杂。

就在这期间，历史上的"妖书案"发生了。

大儒吕坤担任山西按察使期间，采辑历史上贤妇烈女的事迹，著成《闺范图说》一书。郑贵妃看到后，亲自作序，其兄郑国泰重刻此书。增刊后妃，起于汉明德皇后，终于郑贵妃。后来，担任刑部侍郎的吕坤上《天下安危疏》（《忧危疏》），请明神宗节省费用，停止横征暴敛，以安定天下。吏科给事中戴士衡借此事大做文章，上疏弹劾吕坤，说他是"机深志险，包藏祸心"。因为整个事情牵涉到郑贵妃，明神宗装聋作哑，不予理睬。

不料平地再起风云，一个自称"燕山朱东吉"的人专门为《闺范图说》写了一篇跋文，名字叫《忧危竑议》，以传单的形式在京师广为流传。文中专门议论历代嫡庶废立事件，影射"国本"问题。更是直言，郑贵妃重刊此书，实质上是为自己的儿子夺取太子位埋下的伏笔。又称吕坤与外戚郑承恩、户部侍郎张养蒙、山西巡抚魏允贞等九人结党，依附郑贵妃。

明神宗大为恼怒，郑党怀疑出自主张册立皇长子的吏科给事中戴士衡、全椒知县戴玉衡之手，神宗为此谪戍二人，了结此事。

第一次"妖书案"，由于明神宗故意轻描淡写地处理，所以并未引起政坛的震动。至于谁是《忧危竑议》的真正作者，始终没有人知道。而六年后的第二次"妖书案"就非同一般了，其曲折离奇之处，令人匪夷所思。

明神宗想册立郑贵妃之子为太子的事，由于一时难以实现，于是就这么拖了下来。但在万历二十九年，迫于朝臣压力，只好册立朱常洛为东宫太子，但是仍不遣郑贵妃之子福王朱常洵到他的封国去。

万历三十一年（1603）十一月十一日清早，内阁大学士朱赓在家门口发现了一份题为《续忧危竑议》的揭帖，指责郑贵妃意图废太子，册立自己的儿子为太子。其实这份传单在前一夜，已经在京师广为散布。《续

△ 明神宗朱翊钧像

忧危竑议》中说：皇上立皇长子为皇太子实出于不得已，他日必当更易；用朱赓为内阁大臣，是因"赓"与"更"同音，寓更易之意。此书大概只有三百来字，但内容却如同重磅炸弹，在京城掀起了轩然大波。时人以此书"词极诡妄"，故皆称其为"妖书"。

明神宗知道后大为震怒，立即下令命东厂、锦衣卫以及五城巡捕衙门搜捕此书的作者。

《续忧危竑议》中，指名道姓地攻击了内阁大学士朱赓和首辅沈一贯，说二人是郑贵妃的帮凶。这二人除立即上疏为自己辩护外，为了避嫌，不得不戴罪在家。沈一贯与东林党人积怨很深，为了化被动为主动，指使给事中钱梦皋上疏，诬陷礼部右侍郎郭正域和另外一名内阁大学士沈鲤与"妖书案"有关。由此引发一场大狱。

郭正域正要离开京师时被捕。巡城御史康丕扬在搜查沈鲤住宅时，又牵扯出名僧达观（即著名的紫柏大师）和医生沈令誉。达观和沈令誉都受到了严刑拷打，达观更是被拷打致死，但二人都未能如沈一贯所愿，牵扯出郭正域等人。

这个时候，有些人纷纷出来检举揭发，锦衣卫都督王之祯等四人揭发同

僚周嘉庆与妖书有关，但不久就查明纯属诬告。导致案情越来越复杂。参与审讯的官员得到沈一贯暗示，想逼迫之前诬陷钱梦皋女婿阮明卿的胡化承认郭正域是妖书的主谋。胡化却不肯附和，说："（阮）明卿，我仇也，故讦之。（郭）正域举进士二十年不通问，何由同作妖书？"

因为郭正域曾经当过太子朱常洛的老师，朱常洛听说此事后，特意派人带话给东厂提督陈矩，让他手下留情。加上没有任何证据证明郭正域跟"妖书案"有关，显而易见的是场大冤狱。后来正是由于陈矩的鼎力相助，郭正域才免遭陷害。

但是，总得找出一个人来承担这件事情。万历三十一年（1603）十一月二十一日，东厂捕获了一名形迹可疑的男子皦生彩，皦生彩揭发兄长皦生光与"妖书案"有关。

皦生光本是顺天府生员，生性狡诈，专门以"刊刻打诈"为生。锦衣卫立即逮捕了皦生光，将其屈打成招。

尽管所有人都明白"妖书案"其实与皦生光无关，就连急于结案的沈一贯、朱赓都不相信，他们认为《续忧危皦议》一文论述深刻，非熟悉朝廷之大臣不能为，皦生光这样的落魄秀才绝对没有这样的能耐。但急于平息事端的明神宗还是草草结案，皦生光被凌迟处死，家属发配边疆充军。皦生光死后，离奇的第二次"妖书案"就此而平，"妖书"的真正作者始终没有人知道。过了一段时间后，朝野开始流传"妖书"其实出于武英殿中书舍人赵士桢之手。赵士桢为此而身心劳瘁，据说已经精神错乱，甚至多次梦见皦生光索命，终于一病不起，抑郁病亡。

但赵士桢是妖书作者始终没有定案，真正的作者到底是谁，始终没有人知道。"妖书案"虽平，但其影响所及，却已远逾宫廷，遍及朝野，险恶的宫廷斗争也是愈演愈烈。

玉皇大帝之谜

在《西游记》里，我们看到富丽堂皇而又等级森严的灵霄宝殿中有一位至高无上的统治者，他就是玉皇大帝，号称"高天圣大慈仁者玉皇大天尊玄穹高上帝"。天上的神、地上的仙、水中的龙王、人间的君王，不论是太白金星，还是如来佛祖，都必须向他致敬朝拜，听从他的召唤。就连具有叛逆精神的孙悟空，虽然有过大闹天宫的经历，口中常常直呼"玉帝老儿"，但他见了玉帝还是不得不有所收敛，遵守天上的规矩，因为有那么多的神仙帮助玉帝，他们是容不得别人忤逆不尊的。

常言说："天上有玉皇，地上有人皇"，或者说："天上有玉帝，地上有皇帝"，还说天上有"玉京"，是天上的京城。在《西游记》里描写玉帝居住的地方，说那里有三十三座天宫和七十二重宝殿，"殿殿柱列玉麒麟"，"寿星台上有千千年不谢的名花；炼丹炉边有万万载常青的瑞草"。"玉皇上帝"，又称为"玉皇大帝"，就居住在那里。他是"诸天之主，万天之尊"，是中国民间信仰的最高神。在道教宫观中，玉皇大帝的地位仅次于"三清"尊神，全称为"昊天金阙无上至尊自然妙有弥罗至真玉皇上帝"，掌握着天地间的赏罚大权，四大天王、二十八宿、五岳尊神、土地城隍、阴曹地府皆归他统领。

关于玉皇大帝的来历，道教有一个传说故事。大意是说，有一位年老国王的妃子梦见太上老君怀抱赤婴从天而降，不久就生下玉帝。玉帝长大以后潜心修行，历经无数劫难而得道成真。在《西游记》里，孙猴子要夺取玉帝的皇位，受到如来佛祖的训诫："你那厮乃是个猴子成精，焉敢欺心，要夺玉皇大帝龙位？他自幼修持，苦历过一千七百五十劫，每劫该十二万九千六百年。你算算，他该多少年数，方能享受此无极大道？"作者

如此描述，大概参考了关于玉帝的有关传说。

信仰玉皇、玉帝最早于公元4世纪就已经开始了。南朝道士陶弘景所作的《真灵位业图》中记载有玉皇、玉帝道君这样的神灵，列右位第十一位，仅是元始天尊的辅佐。信奉玉皇大帝最盛的是在唐宋之时。在唐朝人的诗作当中，我们会读到这样的诗句："夜饭张彻投卢仝，乘云共至玉皇家"（韩愈），"我是玉皇香案使，谪居犹得住蓬莱"（元稹）。不过，唐朝的玉皇、玉帝主要还是一位神仙，还没有获得天上人间最高统治者的地位。在唐朝最崇奉的是老子，因为唐朝的皇族和老子同姓，所以遵奉老子为玄元皇帝。也有些人认为玉皇大帝就是太上老君，如到宋朝时，张君房作《云笈七签》，还持这样的看法。

北宋时，宋朝皇帝多尊玉帝为"太上开天执符御历含真体道玉皇上帝"和"太上开天执符御历含真体道吴天玉皇上帝"。这样，玉帝就被官方尊为至上神，变成了天上人间的主宰，具有"化形十方界，普济度天人"的神通，总管着三界、十方、四生、六道的一切因果祸福。说到底，这不过是人间的封建等级秩序的另一种表现形式罢了。这和中国封建社会发展到两宋时期的政治形式和思想文化状态有很大的关系。一般而言，道士们尊元始天尊为最高神，而在民间百姓的心目当中，视玉皇大帝为最高神。

道教传说正月初九是玉皇大帝的圣诞日。这一天，道士们要举行祝寿道场，诵经礼忏。每年腊月二十五日，玉皇大帝都要出巡天上人间，考察众生的善恶祸福，所以道教徒要在这一天开设道场，举行隆重的接驾仪式。

灶神与门神之谜

灶神，是主持炊灶的神，俗称灶君、灶王、东厨司命等。灶神包括灶神爷（灶王爷）、灶神奶奶（灶王奶奶），有时还包括灶神的女儿——灶神姑娘，简直是一个灶神大家族。

对灶神的信仰十分普遍。人们以为，灶神既是家庭的保护神，又是家庭的监察之神。不但驱除鬼怪，保障家人安全，还监察一家的善恶是非，定期上报天帝。天帝根据灶神汇报，对这个家庭进行奖惩，包括赐福和降灾，甚至决定家人的寿命。为了表示敬仰和谢意，先人便设法祭祀灶神，久而久之，发展成为一种固定习俗——祭灶。

△ 灶神

祭灶又称送灶神、谢灶、辞灶等，叫法各地不尽相同。时间大都在每年农历腊月二十三日或二十四日。这天晚上，全家先洒扫房屋，尔后在灶神神位前供奉酒食和糖果，用意是封住灶神的口，以免他在天帝面前"打小报告"。还有些人家用酒糟涂抹在灶门上，使灶神醉醺醺说不清话，这就是人们常说的"醉司命"。随后点燃香烛，撕下旧灶画烧掉，所谓送灶神上天。边送边念念有词，祈求灶神"上天言好事"，"下地降吉祥"。有时还要送一只公鸡给灶神，当马骑。还供些寸断谷秆，意思可以用来喂马。除夕，再把新灶画贴上，表示灶神去天宫"汇报工作"后返回了人间。祭灶的习俗流传至今。

△ 门神

　　多少年来，门神也被认为是家中必不可少的守护神。有的门神威风凛凛，杀气腾腾，极具威慑力，所以又被称作"武将门神"。先辈深信，门神能驱除邪气，抵御凶魅，长保家庭平安。

　　诸多武将门神中，能坐上第一把交椅的大概要数神荼和郁垒两兄弟了。除神荼兄弟外，许多著名的武将和勇士，也被奉为武将门神，如身穿短衣长裤、腰佩长剑的成庆，相貌威武的钟馗，以及秦叔宝、孙膑、庞涓、赵云、穆桂英、花木兰等。唐代，甚至存活世上的秦叔宝、尉迟恭等，也被奉为门神。随着人们对功名富贵的追求，又出现了"文官门神"和"祈福门神"。

　　所谓"文官门神"，都是白面书生，一副美髯，有的手持如意，有的怀捧象牙笏板，一脸斯文状。例如包拯、海瑞、梁颢、窦燕山等，都是文官门神。他们或博学多才，或教学有方，或执法严谨，或品格高尚。奉他们为门神，意在勉励和保佑家人成为品行高尚、才华出众的人。

　　"祈福门神"则直接表达对财富功名与长寿的向往追求，最典型的就是以"寿比南山"和"福如东海"两个天宫做门神。

《孙膑兵法》之谜

孙膑（约前380～前320），据《史记》载，出生于齐国阿（今山东阳谷东北）、鄄（今山东鄄城）一带。孙武的后世孙，曾与庞涓阿学兵法。庞涓后来在魏国为将，"自以为能不及孙膑"，遂把孙膑骗到魏国，借机迫害，施以酷刑，"断其两足而黥之"。"孙子膑脚，而论兵法"，发愤著书。后在齐国使者的帮助下，孙膑逃到齐国，受到齐威王和大将田忌的重用，任为军师。孙膑在齐国改革军事，且谋略出众，取得齐魏桂陵之战和马陵之战的辉煌胜利，以此"名显天下，世传其兵法"。

△ 孙膑画像

孙膑有兵书传世，史不绝书。例如，《汉书·刑法志》明确指出：孙膑与孙武、吴起、商鞅一样，"皆拎敌立胜，垂着篇籍"。又如《通典》、《武经总要》详细记载了孙膑的骑战之法。但其兵法东汉末失传，《隋书·经籍志》已不见著录。宋代以后，许多辨伪学者纷纷提出质疑，有的认为孙武与孙膑是一个人，有的认为《孙子兵法》就是《孙膑兵法》。直到1972年4月，山东省临沂银雀山汉篡同时出土了竹书《孙子兵法》和《孙膑兵法》，证明孙武与孙膑各是其人，各有其书，终于解决了这一桩历史悬案。

据银雀山汉墓竹简整理小组的专家认定，竹书《孙膑兵法》是汉武帝初年的随葬品，抄写年代大约是文、景至武帝初期这一段时间内。1985年文物出版社出版了《银雀山汉墓竹简》（一），其中即包括《孙膑兵法》整理本共16篇。《汉书·艺文志》记载"《齐孙子》89篇，图4卷"，与今本相距甚远，这当是散失所致。即使现在的16篇，也因竹简残断严重，难以窥其全豹。从书中内容看，《孙膑兵法》系由其弟子辑录而成，大约成书于战国晚期齐湣王时候。但其主要内容充分反映了战国中期的时代特征，无疑是孙膑军事思想的集中体现。

《孙膑兵法》在继承《孙子兵法》的基础上，根据新的形势提出了若干有价值的观点和原则。在对待战争问题上，孙膑主张"战胜，所以在（存）亡国而继绝世也。战也胜，则所以削地而危社稷也。是故兵者不可有察"。面对战国诸侯纷争的局面，他鲜明地指出："战胜而强立，故天下服矣"的主张，认为仁义礼乐并不能制止争夺，只能以战止战。但赢得战争胜利的先决条件是有道而得人心。"间于天地之间，莫贵于人"，"以决胜败安危者，道也"。其次，进行战争必须有充分的物质准备。在这里，孙膑清醒地看到政治、经济与战争之间是有机联系的整体。

在作战指导上，孙膑提出：欲保国泰、欲立君威、欲使民安，必须懂得用兵之道，即知阵（军阵）、势（兵势）、变（机变）、权（主动权），"察此四者，所以破强敌，取猛将也"。他十分强调创造有利条件来作战，比如用"必攻（敌之）不守"以达批亢捣虚；示弱以麻痹敌人；"能分人之兵"以达敌分我合等。"孙膑贵势"是其军事思想的一大特点。在战法上，孙膑主张灵活多变，指出"以一形之胜万形，不可"。另外，孙膑对奇正也作了专门论述，认为奇正变化无穷，全在于部署和使用兵力时灵活掌握。

在军队建设上，孙膑强调"兵之胜在于篡（选）卒"，即严格逃选士卒。其次是用"义"、"仁"、"德"、"信"进行教化，以法规律令约束军队，使之令行禁止。作为"王者之将"，除了具备德、信、忠、敬等品格外，还须上知天道，下知地理，内知民心，外知敌情，对阵时则掌握八阵之要。《孙膑兵法》作为战国时期军事思想的代表作，对《孙子兵法》的一些作战原则有进一步的发展。

诬陷屈原的子兰是否实有其人

郭沫若的历史剧佳作《屈原》中描写了一个奸佞权贵，名字兰，他与旧贵族上官大夫、靳向、郑袖等辈结成私党，狼狈为奸、蛊惑君王、把持朝政、致使楚国政治日益黑暗、国运日下。他曾力劝楚怀王应秦昭王之约、赴会武关，以致怀王中计被扣押、气恨而死于秦，毁君辱国，又屡次以谗言诬陷、排挤赤心为国的屈原，阻断君门，使屈原投诉无路，横遭冤屈，最后含恨而亡。他是一个令人切齿痛恨的贼子。然而，历史上是否实有子兰其人呢？

△ 屈原画像

有人认为，历史上确有子兰其人。据《史记·屈原列传》中说，子兰是"怀王稚子"，秦昭王约会怀王于武关会见，屈原力谏，而子兰却劝怀王赴会，楚怀王被拘死于秦国后，"长子顷襄王立，以其弟子兰为令尹"，子兰闻知屈原怨怪他劝怀王赴武关、入虎口、导致君亡国辱，"闻知大怒，卒使上官大夫短屈原于顷襄王，顷襄王怒而迁之"。汉刘向的《新序·节士篇》说："张仪之楚，货楚贵臣上官大夫、靳向之属，上及令尹子兰、司马子椒；内赂夫人郑袖，共谮屈原。"司马迁、刘向都肯定有子兰其人。屈原的长诗《离骚》中有"余以兰可恃兮，兰无实而容长"之句，王逸认为句中的"兰，怀王少弟，司马子兰也"，虽和司马迁说法有异，但也承认是历史上实有的人物。

也有人认为子兰不过是"乌有先生"，论据是：记录战国史事的信史

《战国策》中并无子兰之名，连司马迁《史记·楚世家》中也未提到子兰其人；《史记·楚世家》中说道，怀王六年，楚国派遣柱国昭阳统兵攻魏，昭阳在同陈轸的答话中，自报官职为"令尹"，《战国策》中也有六处提到昭阳的名字，时间都在怀王六年至十二年间，可以确定，怀王前期的令尹是昭阳，而自怀王十三年至顷襄王十七年间，无论是《战国策》，还是《史记·楚世家》中都没有提到子兰曾任令尹。从《离骚》中多处提到"兰"、"椒"、"揭车"、"江离"等芳草来分析，可以看出，诗人在遭受"谗人"排陷后，如同园丁培植兰、椒一般，辛勤培养人才，殷切期望他们茁壮成长，好为国效力。然而，这些人由于"谗人"的引诱、世俗的败坏，纷纷见利忘义，与邪恶势力同流合污，诗人痛心疾首，发出了"兰芷变而不芳兮，荃蕙化而为芽。何昔日之芳草兮，今直为此萧艾也"的悲叹。"兰"显然是比喻正直的人才，以"兰"等芳草的变质比喻他们的背叛正义，这是屈原擅用的浪漫主义笔法。所以，"兰"并非直指某人，自然也就不是指子兰其人。朱熹就认为，《离骚》中"以香草比君子"，因君子变节，故有"兰芷不芳"等语，以"叹其化为恶物"。张凤翼在《离骚纂义》中说："此言兰，下言椒，指贤人之改节者。旧注直以为指子兰、子椒，然则下文揭车、江离又指谁哉？"王夫之也认为："此五类芳草，皆以喻昔之与原同事而未入于邪者。"但是，他又拖了一句："当日必有所指，而今不可考尔。"那么，这"而今不可考"者之中，日后是否可能考证出"兰"是指子兰呢？使人又坠入疑云之中。

历史上是否有鬼谷子其人

近年来，随着东西方文化交流的扩大，我国古代一些著名的思想家和哲学家日益被更多的外国人所了解，鬼谷子就是其中的一个。基辛格的老师施本格勒曾说："鬼谷子的察人之明，对历史可能性的洞察以及对当时外交技巧的掌握，必然使他成为当时最有影响的人物之一。"

鬼谷子何许人也？相传他是我国战国时代楚国人，因为曾在鬼谷隐居，则自称"鬼谷"，别人尊称他为"鬼谷子"。有古籍说他是纵横家的鼻祖。所谓纵横，就是合纵与联横，是一种政治主张和外交手段。合纵就是齐、楚、燕、韩、赵、魏六国联合抗秦；联横就是指这些国家中的某几国跟从秦国进攻其他国家。据《史记》记载，当时叱咤风云的人物，主张合纵的苏秦与主张联横的张仪都是他的学生。我们知道，秦国正是采纳了张仪的建议才统一了中国。

但是，这样一位声名赫赫的人物，历史上是否确有其人却无定说。

持否定论者认为，《史记》所记，得之传闻，本不足据，唐朝人李善在注《文选》时说：鬼谷的名字，是隐士的通称。清代学者翁元圻在注《国家纪闻》时更是毫不含糊地说苏秦与张仪就是鬼谷子。

持肯定论者认为，现在虽找不到系统地、完整地介绍鬼谷子的可靠文字，但是散见于古籍中的大量资料仍可证明历史上确有鬼谷子其人。两汉至三国时期的著作中，有六家九条之多的材料皆明确有鬼谷子其人。此后数百年中，未出现过否定或怀疑的材料，后来可能有些可靠资料亡失了，才有人对其产生怀疑。另外，是湖北当阳附近还有许多鬼谷先生的遗迹，如鬼谷子隐居的鬼谷洞和鬼谷子曾与人下棋的棋盘山。

上述诸说各有其理，是非难辨。

黄月英到底有多丑

　　说起黄月英，知道的人肯定不多，但要说起诸葛亮，不知道的人想必是没有。黄月英即诸葛亮的夫人。

　　抛开《三国演义》对诸葛亮智慧谋略近神似妖一般的夸张描述不讲，仅以其"隆中对"，为刘备献出三分天下的大计，便足以让人佩服得五体投地。在讲究郎才女貌的中国古代社会，民间却一直流传有"莫作孔明择妇，正得阿承丑女"的谚语，这又是什么道理呢？为此，只需解答两个问题：其一，诸葛亮之妻黄月英到底有多丑；其二，如果黄月英真是丑女，诸葛亮又为何娶她为妻。

　　首先，对于黄月英是丑女，历来几乎都已公认，有人甚至无中生有地给她取了个"黄阿丑"的别名。但是，纵然是翻遍当时所有的史书典籍，也没有具体记录黄月英容貌的文字。就这样断定黄月英形貌丑陋，是否是一场误会呢？

　　现在能得到的仅是黄承彦对诸葛亮说的一句话："闻君择妇，身有丑女，黄头黑色，而才堪相配。"关于黄月英的容貌也只有"黄头黑色"寥寥四字。所谓"黄头"，意即黄月英的头发发黄，这对一向崇尚秀发乌黑的中国传统审美观念而言，的确是不美，但到底黄到何种程度，却不得而知；"黑色"是说黄月英的皮肤黝黑，同样与崇尚白皙的传统审美观相去甚远，可黑到何种程度，也无从考证。

　　客观地讲，美与丑是相对而言的，不同时代、不同文化背景、不同的人都有自己的审美标准，黄月英除了"黄头黑色"之外，又丑在哪里呢？况且这句话出自黄承彦之口，他是当时的名学者，不能排除自谦的成分。仅凭这四个字，除了能肯定黄月英的容貌与当时流行的审美观不符之外，根本就不能证明黄月英就是一个丑女。

其次是诸葛亮为何要娶黄月英为妻。诸葛亮才高八斗是举世公认的，著名经学大师司马徽称他为识时务的俊杰，庞德公称他为卧龙，他也自比管仲、乐毅。不仅如此，据史所载，诸葛亮身长八尺，相当于现在一百八十公分，且"犹如松柏"，是个标准的风流倜傥的美男子。他随叔叔诸葛玄由南昌前来投奔荆州刘表时，年纪尚幼，但叔叔诸葛玄对诸葛亮姐弟视若己出，一直在为他们的未来苦心经营。借助自己和刘表之间的交情，诸葛玄先把诸葛亮的大姐许配给了荆州大姓蒯氏中的蒯祺，后又把诸葛亮的二姐嫁给了在蒯州德高望重的庞德公的儿子庞山民。待诸葛亮该娶妻成家时，诸葛氏在荆州的地位已举足轻重，主动登门求婚的豪族巨富颇多，可是诸葛亮都不中意，最后选择了被后世称为丑女的黄月英，让后人产生了许多猜疑。

一般认为，诸葛亮娶黄月英，全在黄承彦对他说的"而才堪相配"。因为诸葛亮是一位胸怀大志之人，在才华、容貌，乃至金钱之间，他选择了更有助于自己成就大事的才华。

但是，近代有谷亮、陈青等人认为，诸葛亮娶丑女黄月英主要是从政治上考虑的。黄承彦是沔南名士，黄承彦之妻蔡氏，是刘表后妻的姐姐，诸葛亮攀上这门亲事，等于是掌握住晋升的阶梯。

这种认识，未免肤浅。

首先，黄承彦虽和刘表有连襟之亲，但一直未在官场上有所作为，并不值得诸葛亮有意巴结。反倒是诸葛亮一家，其先祖诸葛丰曾官至司隶校尉，诸葛亮之父官居泰山郡丞，诸葛亮叔叔诸葛玄曾做豫章太守。诸葛氏一家和四世三公的袁绍、袁术交情颇深，与皇族刘表也有交情，这些都是黄承彦无法企及的。而诸葛玄叔侄至襄阳之后，已经结下了蒯氏、庞氏两门亲事，无论是蒯氏中的蒯越、蒯良，还是庞德公，地位都远在黄承彦之上，即使诸葛亮有意攀附，也很难选择黄承彦，更没必要委屈自己去娶丑女"黄阿丑"。

其次，诸葛亮娶黄月英，诸葛玄去世，诸葛亮隐居隆中，都发生在同一年，亦即197年，若诸葛亮有攀附之心，在娶了黄月英之后，叔叔已死，他完全可以在荆州刘表处谋得一个好的职位，没必要到隆中隐居，去过躬耕自足的艰苦生活。诸葛亮携妻子和弟弟在隆中隐居，一住就是十年时间。在这十年里，以诸葛亮的才华和名声影响，若不是心存大志，绝不可能没有入仕为官的机会。这只能解释为没有符合诸葛亮心意的明主出现。因为在他看来，北方的曹操是"国贼"，不屑辅佐；南方的孙权是"窃名"，不应该辅佐；近在眼前的刘表则"外宽内忌，好谋无决，有才而不能用，闻善而不能纳"，也是不可以辅佐的。

这样，才华卓越的诸葛亮娶黄月英为妻的唯一理由，必然是相中黄月英的才华。黄承彦"而才堪相配"之语，果然不虚。

在同意诸葛亮娶黄月英乃为其才的前提下，有人提出"贤妻美妾"之说。认为爱美之心，人皆有之，诸葛亮在娶了黄月英为妻之后，于自己的事业自然是大有帮助，但在夫妻生活方面就难免有所遗憾，后又娶一美貌之妾。这种观点同样有问题。

诸葛亮十七岁娶黄月英为妻，一直到四十多岁都未曾有子嗣，才过继了兄长诸葛瑾的儿子诸葛乔为子。若真是娶有美妾，也没有子嗣记载，倒是后来黄月英又为其生养诸葛恪。

由此推之，诸葛亮得黄月英为妻，不仅有助于自己的事业，两人的关系也应该非常融洽亲密。这似乎印证了中国"情人眼里出西施"的古语，抑或黄月英除"黄头黑色"之外，也堪称美貌呢，未可知。

历代度量衡量值为何越变越大

在我国度量衡的发展史上，有个十分突出的问题，就是随着历史的演进和时代的变迁，尺度越变越长，容量越变越大，权衡越变越重。

从现有资料看，围绕量值不断增大的原因问题，说法纷纭，分歧较大，摘其要者。

一是认为量值不断增大与剥削制度有关。古今不少学者认为，唐代以前，特别是魏晋南北朝时期，我国尺斗称量值增长较快，原因在于：中国封建社会的地租形态，在很长时期内以实物地租为主。地主阶级为了更多地剥削农民，可以利用政治上经济上的特权，不断增大度量衡的单位量值，并使之在社会上合法化。鉴于自魏晋至隋实现统一的300年间，尺长增加30厘米左右，升容增至秦汉时的三倍，每斤几乎相当以前的三斤。面对如此激烈变化，宋范景仁曾指出："此盖出于魏晋以来贪政。"清王国维在《宋三司布帛尺摹本跋》中说："考尺度之制，由短而长，始为定例。其增率之速，莫剧于西晋后魏三百年间，几增十分之三。求其原因，实由魏晋以后，以绢布为调，官吏惧其短耗，又欲多取于民，故代有增益。"金元以后，取消布帛实物税，课以米粟麻棉产品，这样再加大尺寸毫无必要，当然封建剥削者就把眼睛盯在容量和权衡上。正如王国维所说："金元以后，不调绢布，故八百年来，尺度犹仍唐宋之旧。"

二是认为量值不断增大与社会生产力提高有关。在分析我国度量衡单位量值增大原因时，《中国古代度量衡图集》前言中说："在两千多年漫长的时期内，农业生产有了很大的发展，计量农产品的度量衡单位量值，必然有个适应生产力发展而增长的过程，而到了一定阶段就相对稳定下来。"并说："手工业、商业以及科学技术的发展也会对度量衡单位制的变化，产生一定的影响。"

三是认为量值不断增大与标准物不精有关。大凡谈起我国度量衡的起源,都与黄钟律、秬黍法有关。但不少研究者认为,作为度量衡的标准物,"音律管"和"累黍法"是有不少弊端的。由于这些标准物本身固有的弊端,导致了尺斗称量值的不断增大。拿"音律管"说,它是"律生度量衡"的依据。尺度长短全凭"音律管"长度确定,"音律管"的容积又是确定容量和权衡的依据,而"音律管"的容积则由其长和围径的大小来确定。然而由于古时对圆周率推算不精准,因而对音律管围径之数,说法不一。至于对音律管周径的理解,有的说指圆周,有的说指圆周面积,很不一致。这样,用音律管作标准,就派生出不少麻烦。

四是认为量值不断增大与改朝换代和管理不善有关。有的认为历史上江山易主,改朝换代,相互兼并,战祸频繁,度量衡标准器横遭毁坏湮没,致使量值越变越大。有的认为魏晋前后三量猛增,这既与统治阶级贪政有关,但法度废弛、管理松懈,"狡吏不畏刑,贪官不避赃",也是重要原因之一。清人张照曾说:"今日度量衡犹有未同,并非法度之不立,实在举行之未能。"谈及我国古代度量衡紊乱原因时,吴承洛先生曾讲到五条原因,其中大都与监督管理有关。他指出:"历代于开国之初,对于度量衡间有定式校勘之举,但仅推行一时,每以时期不久,督察之力即弛,而取缔之功效亦随之俱失。"

五是认为量值不断增大与是否易于识别有关。吴承洛在《中国度量衡史》书中说:"尺度之增率,在三量中为最小。其原因,盖以尺之长短,易于识别。尺者识也,布手而知尺,故尺之长度,虽代有增益,商不过巨。"还说"量之增率在三量中为最大",原因是"量则难以判定。一升之量,视之固为升,二升之量,亦视之为升,极为普遍之事,此量之为量,易于为弊"。谈及权衡增大问题时,吴先生说:"因权衡之重,亦如量器不易视其大小,故其增率大于度。"

武当源于少林吗

武当派武功的特点是以静制动，以柔克刚，与少林派武功正好相反，是我国武苑中的一支重要流派，它和少林武功齐名，有"北崇少林，南尊武当"之说，两派并称为中华武术的两大主脉。

据考证，武当派共有四大派，即正乙派、全真派、玄武派、三丰派。

武当正乙派，是武当山本宫龙门内部传接的一派，一般不外传。金子晥先生向世人披露了这一派的武功"武当太乙揉扑二十三式"，他曾发誓不以此传人，方从李合林道长那儿学得此拳。李合林道长称此拳来历，系明弘治年间（1488～1504），由本宫龙门及道门流派中的吐纳、导引、技击等融炼而成。此派要求"心息相依，腰随胯转，运行匀缓，动静自如"，"行与蛇之行，劲似蚕作茧"。"辨位于尺寸毫厘，制敌于擒扑封闭"。从技击角度看，动作缓慢，幅度较小。此派武功虽然不断更新，但其古典式特征仍很明显。

武当全真派与玄武派包含许多拳术、剑术。拳术中有众所周知的八卦掌、太极拳、形意拳，以及民间珍贵拳种如鱼门拳、猿猱伏地拳、六步散手等；剑术有武当剑、白虹剑等。这一派人员复杂，各种考证与争论十分激烈，现存疑问颇多，如太极拳发源于陈家沟吗？八卦掌的创始人是不是董海川等？

武当三丰派历来被推为武当派的鼻祖。《武当拳术秘诀》云："本武当三丰之要诀，为武当之正宗。"1928年秋，万籁声先生所著《武术汇宗》谓："武当宗洞玄真人张三丰祖师。"按《明史·张三丰传》及《三丰会集》载，张三丰生于辽东，后入陕西终南山学道于火龙真人，道成后便携徒入武当山，结庵修道传艺、治病救人，备受时人崇敬。又据《武当山志》

载，张三丰隐居于此，为技击家内功之祖。《太岳太和山志》谓其"研磨太极阴阳之奥蕴，静观龟鹤之动态，探究其长寿之源，顿有所得"。裴、李认为，从历史上这些记载中可见，是张三丰把道家理学内功和民间武术熔为一炉而创始了武当武功。

《武当拳术秘诀》非但称张三丰为"武当之正宗"，又云"武当脱胎于少林"，意即武当派之源还在少林派之中。因为少林派以五拳为精髓，以十八式为脉络，张三丰开始学拳于少林派，既得其要诀，又进行了创新，变十八式为十八字，变五拳形式为十段锦之长拳，统纳五拳十八式及十八字的精义于十段锦之中。

事实究竟如何？这还得从张三丰其人其事说起。

关于张三丰，各种文献的说法迥异。《神仙鉴》载南朝刘宋时有一名为张山峰的道士。黄宗益作《王征南墓志铭》称武当内家拳始自张三丰，"三丰为武当丹主，（宋）徽宗召之，道梗不得进"，夜梦玄帝授之拳法。显而易见，这里的张三丰应是北宋人。《道统源流志》载："张三丰真人，名君宝……辽东懿州人（今辽宁省黑山境内）。"这个张三丰却是元末明初人。而《道统源流志》中所载元末明初的张三丰也不可能是武当派的开山鼻祖，因为倘若如此，而武当山又是明成祖朱棣出动30万人马去建成的中国道教主要圣地，那么《明史·张三丰传》及《方伎传》不可能并无只字提及其武技。故此，他认为说武当武术出自张三丰，无异于说少林武术出自佛教禅宗达摩祖师那样荒唐，令人忍俊不禁。

与《武当拳术秘诀》一样，黄宗羲的儿子黄百家（王征南的掌门弟子）在康熙年间编著的《内家拳法》一书中，亦称"……张三丰既精于少林，复从而翻之。是名内家"。罗佐云先生据此指出黄百家已经对武当源出少林之事直言不讳，因而称武当源于少林似乎理所当然。

要解开武当派武术渊源之谜，还必须有待认真地更进一步地探讨。

武当拳始祖张三丰到底是哪个朝代的人

在很多的影视节目中，张三丰总是一副白眉毛、白胡子的仙风道骨形象，作为武当派的掌门人，受到了武林同道的敬重和敬仰。那么，张三丰作为武当武功的创始人，是不是确有其人？另外，他到底是哪个朝代的人呢？

张三丰是不是确有其人，可以从一些历史记载中，寻找蛛丝马迹。明任自垣（约在1350～1431）撰《大岳太和山志》；张宇初的《皇明恩命世录》；清赵彬纂修《大邑县志》；南郡杨淳（1372～1446）撰的《禅玄显教编》；英宗朱祁镇《御赐张三丰铜碑》，互碑划为三格，碑首为篆额，中为诰文，下为张三丰像。天顺五年（1461），李贤等纂修《大明一统志仙释》，在以上这些典籍和著作中，都有关于张三丰及其事迹的记载。但是至于张三丰到底是哪个朝代的人，则存在不同的说法。

第一种说法：张三丰，名通，又名全一，字君实，号玄玄子。以其不修边幅，人称张邋遢。据道教界推测，其活动时期约由元延祐（1314～1320）年间到明永乐十五年（1417）。《明史·列传第一百八十七方伎》称其为元、明时期著名道士。

1258年，宗教界爆发了中国历史上规模最大的一次佛道大辩论。蒙古大汗蒙哥亲临主持，嵩山少林寺长老福裕和全真教高道张志敬分别率队参加舌战，结果道教遭到惨败。从此，道教日渐衰沉。但一个世纪后，张三丰在武当山创立一个新的道派——三丰派，掀起了中国道教发展史上的最后一波，并成为武当武功的创立者。

第二种说法：据《辞源》记载："张三丰（1）宋代技击家，也作张三峰，武当丹士，精拳法。（2）明代道士，辽东懿州人……曾居武当山……"

这就出现了两个张三丰。但是同叫一个名字，同奉一个宗教，同在一个

△ 武当山古铜殿

炼修地，同样的击技，同样的名气。因此，有关张三丰生卒问题成为史学界最关注的问题之一。

明清初著名的思想家黄宗羲学识渊博，著作等身，特别精于史学，他考识张三丰为宋代技击家，应该具有较高的可信度。清·同治六年（1867），武氏太极拳传人李亦畬抄录拳谱有"太极拳始自宋张三丰"。可见武术界中确有不少人是相信张三丰为宋时人。

影视剧中深受人们的喜爱的张三丰究竟是哪个朝代的人，透过历史的迷雾，还有许多有待考证的东西。但是历史留下的这一段记载，却给了我们更多的遐想和神奇。

八股文开始于什么时候

八股文是明、清科举考试规定的文体。每篇分破题、承题、起讲、入手、起股、中股、后股、束股八部分。其中起股到束股四部分是议论的主体，每部分都有两股排比对我的文字，合共八股，故叫"八股文"。也称"时文"、"制义"或"制艺"等。1901年，清政府宣布废除八股文。作为一种考试文体，采用时间这样长，影响如此大，恐怕在中外历史上都是仅见的。那么八股文开始于什么时候呢？学术界大致有以下3种说法：

一、"太祖与刘基所定"或"明太祖朱元璋制定"说。《明史·选举志二》记载："科目者，沿唐、宋之旧，而稍变其试士之法，专取四子书及易、书、诗、春秋、礼记五经命题试士。盖太祖与刘基所定。其文略仿宋经义，然代古人语气为之，体用排偶，谓之八股，通谓之制义。"认为八股文是明太祖与刘基所制定。陈东原对此持不同意见。他在1936年撰写的《中国教育史》中说：刘基卒于洪武八年（1375），那时正是科举停顿时候，直至洪武十七年才正式开科取士。因此，"他是赶不上参与文体之创制的"。又说，自洪武三年虽然一连开了三年的科考，"但那时诸事草创，恐也未顾及考试的文体"。可能受陈东原的影响，张晋藩、邱远猷在1964年中华书局出版的《科举制度史话》中，提出八股文是明太祖制定的。他们写道："明太祖朱元璋，在沿袭宋朝科举考试文体的基础上，制定了一种用八股文取士的方法。"

二、"始于成化二十三年（1487）"说。最早持这一说的恐怕是明清之际的顾炎武。他在《日知录》卷十二说："经义之文，流俗谓之八股。盖始于成化以后。"并具体指出："成化二十三年，会试'乐天者保天下'文"以及"弘治九年（1496）会试'责难于君谓之恭'文"，"均是八股。顾

△ 贡院是会试的考场，即开科取士的地方，图为北京贡院

炎武学富五车，知识渊博，又是明末清初人。因而，他的见解颇为学者们所接受。鲁九皋《制义准绳》论八股起源，首即引顾氏之言。陈青之在1936年由商务印书馆出版的《中国教育史》中则直说："据顾炎武所考，八股文的形式始于成化以后，在此以前，场屋文字不过类演传注，或对或散，初无定形。自成化以后以至满清末年，数百年间皆为八股所支配。"然而，有些学者却不赞同此说。陈东原于1936年在分析了明成化十一年（1475）进士第一名谢迁的一篇文章后指出：此文，在顾炎武所谓成化二十三年之前十二年，弘治九年之前二十一年，而已具八股的形式。因此，他说："若谓成化二十三年方有八股，亦非定论。"

三、"源于宋经义，定于明初，完备于成化"说。陈东原先生认为，文体之变，大都由此而来，断不能恰指何时，也不能恰指何人。他指出，若追溯八股前身，当源于宋代经义。王安石在变法中，罢诗赋、帖经、墨义，改试经义。这是一种新文体，与论相似，不过限于以经书中的语句作题目，以经书中的意思去解释推演。王安石在创"经义"时，尚无整齐严谨的八比，但无论是直说、喻说、正说、反说，总是一个对一个，"而开后来八比之风"。后人踵事拘束，到明代遂成为格律拘谨字句皆有规定的八股。因此，他的看法是："明代制艺，确较宋代格式严紧。成化以后，束缚得格外厉害罢了。"

《玉堂春》中的苏三真有其人其事吗

　　京剧《玉堂春》是颇出名的，其唱功、做工、扮工均可称绝，所以凡扮演青衣的角色，其入门戏之一，必须是先学其中一出的折子戏《女起解》。它是京剧的基本功。

　　这样，戏剧中的主体人物苏三（玉堂春）也就更见红了。

　　据说《玉堂春》的苏三起解所以出名，走红大千世界，还有一个原因是实有其事的。唯真，才能尽善尽美，引起人们加倍的共鸣。

　　最早得悉与《玉堂春》有关的实证的，是"文化大革命"后见到的一则报道，说是山西洪洞县修复了县衙里的虎头监狱。它是三晋大地罕有见存的一座明朝牢狱，有人还明确指出此中女监某处就是囚禁苏三的牢房。江山也要名人捧，据说当时新修复的洪洞监狱，门上还曾写有"苏三监狱"字样，地以人贵，它当然是真人真事了。因此游洪洞县，除了到城北二里地那棵大槐树下转转，寄托回归之乡情；其次就是看那因苏三得名的虎头牢狱了。

　　据说苏三案件还为洪洞留下不少古迹，像皮氏要砒霜的那家药铺；有人还在路旁公园内竖立一块标志：苏三于押解中曾在此休息过。总之，它要留给人们的印象是，苏三确有其人其事，也确实在洪洞县落难过。为此那个王三公子王金龙也被说成确有其人的，还说他本名叫王三善，原籍河南永城。由于父亲在南京当吏部尚书，就结识了苏三。他后来努力为苏三平反，以后双双回归永城。不久，苏三病死，葬在王氏祖茔边，据称20世纪30年代还有人在那里见到她的墓碑，上书"亡姬苏氏之墓"。

　　当然，在山西，像晋中太原和洪洞一带，苏三故事是更为走俏的。"特别是太原，人们长期传说'苏三为沈洪妻皮氏诬陷的档案'确有其事。并说苏三档案在辛亥革命前，由当过洪洞县知事的河北玉田县孙奂仑窃走。还有

△ 《玉堂春》剧照

人说，苏三档案被孙叔仑卖给法国巴黎古董商人。"据说，"有人考证王三公子和玉堂春确有其人。甚至有人在山西洪洞县看到过玉堂春的档案"，所以胡士莹界定冯梦龙创作的《玉堂春落难逢夫》（《警世通言》第二十四卷），"所叙为明代头事"。（《话本小说概论》）

苏三故事也许真有其人的。据王延龄说，他听人讲及明代中叶就有古本广东潮剧《玉堂春》，演苏三全部，剧情有一段故事是说苏三在三堂会审后，等候在五里亭，因天寒兼体弱受刑有病，竟冻死在郊外。不久苏三父亲来寻女，惊悉苏三已死，于是痛哭一场，并在哭词里介绍了身世。原来他叫周彦，字玉柯，河北曲周人，赴山西做官前，将爱女留在家中，竟为继母卖给保定府的苏家妓院，按年龄排为第三，故叫苏三。"潮剧的老艺人却说这是真事，而且祖辈相传，材料来自洪洞县苏三的供词案卷。这供词还讲到王景隆（一般戏中称为王金龙）和苏三同乡，也是曲周县王家集村人，和苏三的故乡相距仅十余里，他到苏家妓院见了苏三就十分倾倒，两人相爱。"

看来，苏三故事乃是以明朝中期为大背景的，有其人也有其事。

但是，现今所见最早记述的《全像海刚峰先生居官公案传》（明万历三十四年万卷楼刊本，李春芬撰），与现今流传的《玉堂春》苏三故事构架大体相同，唯出场的主角王金龙作王舜卿，沈洪作彭应科，且是浙江兰溪人，与山西洪洞无关，此案后由时任江浙运使的海瑞审判。此处玉堂春也姓周而不姓苏，也无"苏三"字样，最后还是海瑞成全了他俩的姻缘。"公令人伪为妓兄，领回籍，后与舜卿为侧室。"此处人地各异，看来是与今本苏三故事风马牛而不相及，或循此建构再加工的。所谓玉堂春姓苏，始见于冯梦龙《情史》，"河南王舜卿，父为显宦，致政归。生留都下，支领给赐，因与妓玉堂春姓苏者狎"，尔后才有王离去。"山西商闻名求见"，"携归为妾"故事。而《警世通言》以此为据，作了惟妙惟肖的形象思维，以致不胫而走，使苏三故事家喻户晓。

因为源流自小说平话，尤其是其原始见于海瑞判审，当不可信。据王定南说，在"文化大革命"前，山西省委书记郑林对他说，华北局某领导曾组织人员研究苏三故事。为此他做了大量搜集工作。特别是山西省文史馆馆员尚德赴洪洞查看苏三档案情节。尚德参加过太原辛亥革命，曾任副都督府秘书长。"辛亥革命前在太原就传说：洪洞县县衙门档案库有苏三档案。尚年轻好奇，又与孙奂仑友好，为此专到洪洞县向孙奂仑询问，要看'苏三档案'，孙和尚一起去问管档案的人，该人说：'档案库没有苏三档案。'"

洪洞县衙有否见存苏三档案，当然不能判断有否其人，明末和清季的多次农民起义，洪洞县衙多次受毁，要能保存它，当时也不会有这强烈的意识，但《洪洞县志》均无此案记述，也没有传闻和发现"苏三档案"。因此王定南界定，"苏三的故事流传很广是小说家冯梦龙的功劳"，"写小说的人可以凭空虚构任意编造，但不能作为历史事实"（《从苏三故事说起》）。王延龄也认为，所谓王金龙即王三善说，却在《明史》本传中"不见一个苏三字样，他也并未做八府巡按到山西去三堂会审过"，"看来这些考证都是文人的臆测，真正看戏的人欣赏的是表演艺术，受感动的是故事情节，为他们两位大翻家谱，不免有画蛇添足之嫌"。

看来还是这句话，"假作真时真亦假"。苏三故事并非扑朔迷离，其真伪如何，也许这可以作为答案了。

宋仁宗为何不用柳永

柳永是文人中第一个大量创制长调慢词
的作家，他的词大量吸收俚言口语，一扫晚
唐五代词人的雕琢习气，对促进宋词的发展
有着重大贡献。

不过柳永在仕途上却很不得意。他到
汴京应试，一路结识了许多青楼歌妓，为
她们填词作曲，一时蜚声朝野。当时的最
高统治者宋仁宗却对此甚为不满，有人在
宋仁宗面前举荐他，仁宗只批了四个字
"且去填词"。御笔四字轻轻断送了柳永
的政治前程。

△ 柳永画像

宋仁宗为何不录用柳永？有两种说法：一种以为宋仁宗深受理学熏陶，
容不得杂门旁学，他对擅长于填词写曲的柳永的打击，是出于一种狭隘心
理。柳永违反封建礼教的作风，宋仁宗很反感，尤其他公然吟出桀骜不驯的
《鹤冲天》，更惹怒了仁宗皇帝，宋仁宗与柳永的矛盾是封建正统派与非
正统派之间的矛盾；另一种意见认为，柳永仕途坎坷不得志，实是咎由自
取，宋仁宗不用柳永自有道理。宋仁宗当政时，确实打算在政治上有所建
树，所以他主张净化文化，对有腐蚀作用的淫歌艳曲持反对态度，柳永好
为淫冶讴歌之曲，正与仁宗想要净化文化的政治主张大相径庭，难怪仁宗
对他看不上眼。

柳永受到这个打击后，自称"奉旨填词柳三变"，"日与狎薄子纵游
娼馆酒楼间"，流浪于汴京、苏州、杭州等大都市的秦楼楚馆，以与人填词

和曲为娱，有人以为这是柳永心中愤懑、苦闷心情的曲折反映。也有人认为是柳永不改旧习，反而导致了他与宋仁宗隔阂的加深。据《渑水燕谈录》记载，皇祐年间，一位姓史的官员看柳永很有才华，再一次向仁宗推荐，还拿着柳永填的《醉蓬莱慢》一首词给宋仁宗看。谁知仁宗看后，竟气愤地将词稿扔在地上。

屡遭打击的柳永对自己的政治前途怎样看待？也有两种说法：一种认为柳永从此绝意仕进，不图浮名，对"蝇头利禄，蜗角功名"冷漠鄙夷，专以填词作曲为业，他说"才子词人，自是白衣卿相"。用自封的"白衣卿相"来对抗科举榜上的功名；另一种说法认为柳永所谓"白衣卿相云云"，只是在自己功名失意时一种自我解嘲的说法而已，至多也只能算是发几下牢骚，谈不上是对科举功名的反抗。柳永并不像他自己表白的那样，清高超脱，不图"浮名"。相反，为了给自己谋个一官半职，他也曾经费尽心机到处拉关系、走后门，甚至求助于和他结交的那些歌妓。《青泥莲花记》中，记载了这样一件事：早年和柳永有过交往的孙何担任了当时杭州的太守，柳永总想求见，但由于"门禁甚严"，一直无法见到。于是，他就想了个办法，做了一首《望海潮》词，词中夸赞了杭州都市繁华和风景形胜的美丽，描写了孙何的显赫声势和所谓儒雅风度，最后又预祝他定将高升，回朝廷担任大官。写好后，他拿着去见名妓楚楚，百般恳求："欲见孙，恨无门路，若因府会，愿借朱唇歌于孙前，若问谁为此词，但说柳。"果然孙何听了楚楚之歌，不由笑逐颜开，终于接见了柳永。以后他少年时的"狂胆怪情"逐渐消退，在几位故交帮助下，考取进士，在浙江的桐庐、定海等处做过几任小官。

柳永为何遭受宋仁宗打击？柳永自己是如何看待功名富贵的？对这些问题，现在有不少人认为一定要进行历史的具体的分析。柳永的生活、思想和创作十分复杂，执其一端、任意褒贬的做法都是不可取的。

孔融死因之谜

　　孔融，东汉末年文学家，"建安七子"之一，当世名儒。孔融是孔子的第二十世孙，他天资聪慧，才华横溢，声望极高，曾任北海相、少府、大中大夫等职。后因一再触怒曹操而于208年被杀。为什么才高志大的孔融却被自诩爱惜人才、求贤若渴的曹操杀死呢？后世学者对此进行探索，从不同侧面作出不同的结论。

　　一种意见认为，孔融被杀，主要是由于政治原因。孔融的思想言论与曹操的许多政令相抵触，如207年曹操出兵征讨乌桓，孔融反对，并讽刺说，如果像马桓这样的草芥小崽也要劳民伤财，发动远征，那么汉代的丁零偷盗几只羊，也都应该发动战争了。在岁饥兵兴的时候，曹操为经济与军事的需要，制定禁酒令，孔融"频书争之"。他说，天上有酒星之耀，地上有酒泉之郡，谁不知道酒之德？唐尧有酒建成太平基业，孔子有酒才成为圣人，古往今来"酒何负于政哉"？其侮慢之意，溢于言表。尤其使曹操反感的是，他上奏《宜准古王畿之制》，主张"千里寰内，不以封建诸侯"，意思是要尊崇汉朝天子，确保汉天子天下独尊的地位。当时曹操"挟天子以令诸侯"，是他政治上成功的基本保证。孔融的奏章，一针见血地揭穿曹操的作为，怎不引起曹操忌恨？因此，孔融在政治上是曹操的反对派，终于被杀。

　　一种意见认为，从社会派系上分析，汉魏时期讲究门第，世家大族势力很大，许多士大夫倚仗门第，目空一切，不与普通人结交。如河南尹李膺曾规定家人，不是当今名士和通家子弟，一律不准通报。孔融是孔子第二十代孙，十岁时就出入李膺府第。与此相反，曹操的祖父曹腾是宦官，他的父亲曹嵩是曹腾养子，曹操毫无门第可言，一直被人骂作"赘阉遗丑"。孔融也十分看不起曹操，常常不分场合地对他冷嘲热讽。曹操灭袁绍时，曹丕见袁绍之子袁熙的妻子甄氏貌美，欲占为己有，曹操闻知后，即为曹丕娶甄氏。孔融写信给曹操，说"武王伐纣，以妲己赐周公"，讽刺曹操将政敌的宠姬安置在重要的辅佐之臣身边。偏偏曹操不理解这一点，还去向孔融询问此事出于何典。孔融回答说，我看你今日的做法，想见当年武王必定如此。面对这样的挖苦与嘲讽，曹操肚量再大，也不堪忍受。郭沫若指出："曹操虽然爱才，但对于恃才傲世、不肯亲附自己的人，却是不能容忍的。"出身低微的曹操，在统一中原之后，企图借自己的政治权势突破大族名士的势力挟制，孔融作为世族地主的代表，既名高望重，又不受笼络，很可能形成强大的反曹势力，因而可说必死无疑。

有的学者不同意上述看法，指出孔融在许多具体问题上表现出与曹操合作的态度，如他曾上《崇国防疏》，指斥刘表僭伪不规，从而在舆论上助了曹操一臂之力；他的三首《六言诗》，也从政治上对曹操赞颂有加，在《与曹公论盛孝章书》中，还把曹操誉为齐桓公。可见简单地说孔融是曹操政治上的反对派，或由于门第悬殊看不起曹操而引来杀身之祸，并不能令人信服。在孔融被杀事件中，孔融本身的性格因素非常重要。孔融系名门出身，自少誉满清流，养成恃才傲物、性情疏狂、目空一切的脾性，从来不刻意与权贵结交。河南尹何进升迁为大将军时，司徒杨赐派孔融奉谒祝贺，何进未及时接见，孔融便夺谒还府，投劾而去。何进的部下对此愤愤不平，欲派剑客追杀之。董卓专权，孔融每与应答，都有匡正之言，致使董卓十分恼火，乃派他赴黄巾起义的冲要之地北海任北海相。因此，自古以来，很多学者都认为，孔融的被杀，是其性格使然。袁淑的《吊古文》说，"文举疏诞以殃速"；颜子推《颜氏家训·文章》称他"诞傲致殒"；张瑶《汉纪》则进一步分析说，孔融"天性气爽"，"不识时务"，而曹操则"外虽宽容，而内不能平"。孔融迂腐、疏狂的性格与曹操"性忌"的心理状态形成不可调和的冲突，最终造成孔融的悲剧。

孔融被诛是因为政治原因，还是性格原因？至今尚无定论。

古人住宅前放置两尊石狮子有什么用意

在古代，一些宫殿、庙观、衙署以及高级官员、贵族和富商的住宅门口常会摆放两尊石狮，在现代，这种情况仍很常见。那么，这种习俗是怎样形成的呢，门前的石狮子又代表何意呢？

在唐朝时，长安城非常繁荣，政府规划了"坊"作为住宅区的单位。坊有围墙和坊门，以便于防盗。这固定坊门防风抗震，坊柱由一对大石块夹着。由于石块的生硬单调，一些工匠就在上面雕刻了狮子、麒麟等瑞兽，既美观又大方。宋元以后，坊被取消。一些官臣大户为了体现自家的声势，就参照坊门的样式竖立了门楼。而坊门旁的夹柱石就演化成了守门的石狮。当时人们认为狮子是百兽之王，把它们置放在宫殿、府第、衙门前，具有威镇四方，群兽慑服之意，以象征尊荣与权势。后来，这渐渐成为封建等级制度的反映，以石狮的头上所刻的疙瘩数之多寡来显示主人的地位。具体来说，以13为最高，即一品官衙门前的石狮头上刻有13个疙瘩，以下每低一级，减少一个疙瘩。七品官以下其门前不放置石狮。

当然，民间对摆在大门口的石狮子也有其他说法。如，认为狮子是吉祥的动物，可以驱除邪恶；认为狮子预卜灾害。在传说中，狮子能预卜灾害。如果遇洪水、地震等自然灾害，石狮子的眼睛就会流血或者变红，人们可以据此提前避难；认为"石者实也，狮者思也"。石狮的意思为提醒后人前人创业不易，守业更不易，等等。虽然石狮子在文化上的含义历来没有统一的说法，但总的来说，还是体现了人们祈望太平祥和的美好愿望。

"十八般武艺"是指哪18种

古典小说中凡提到练武之人，多数都会提到"十八般兵器"，最早指的是"十八般武艺"。"十八般武艺"这个词最早见于南宋武状元华岳编的《翠微北征录》。后称作"十八般武艺"，始见于元曲。如《古今杂剧》所收《敬德不服老》中就有"他十八般武艺都学就，六韬书看的来滑熟"的唱词。这其中的"十八般武艺"泛指中国古代的多种武艺。后来，其意变为18种兵器，所指内容在各个时期有所不同。

比如《水浒传》第2回中曾写道："史进每日求王教头点拨十八般武艺，一一从头指教。哪十八般武艺？矛锤弓弩铳，鞭锏剑链挝，斧钺并戈戟，牌棒与枪叉。"

到明代后期万历年间，谢肇浙《五杂俎》卷五中说："十八般：一弓、二弩、三枪、四刀、五剑、六矛、七盾、八斧、九钺、十戟、十一鞭、十二锏、十三檛、十四殳、十五叉、十六把头、十七绵绳套索、十八白打。"所谓白打，就是指徒手的武术。

自清代以来，十八般武艺又有"十八般武器为'九长九短'"的不同说法，所谓"九长"为刀、矛、戟、槊、镗、钺、棍、枪、叉；"九短"为斧、戈、牌、箭、鞭、剑、锏、锤、抓。

当今对十八般兵器的解说是：刀、枪、剑、戟、斧、钺、钩、叉、鞭、锏、锤、抓、镗、棍、槊、棒、拐、流星。

"十八般武艺"在各时间段的不同解释，反映了中国古代武艺的概貌，但其中所提的武器并未包括我国古代武艺的全部种目。例如飞刀、袖箭、抓子棒、三尖两刃刀、匕首、鸳鸯铙、阴阳锐、状元笔、铁尺、绳镖、三节棍、飞挝等均未体现，这大概是因为我国古时兵器品种之繁多，无法一一列举其中吧。

为什么乌鸦叫是不祥之兆

乌鸦，俗称"老鸹"。属鸟纲、鸦科，是一种很常见的鸟，能帮助人类清理腐肉，也吃一些耕地上的害虫，是一种益鸟，并且，乌鸦和人类一样，有着"尊老爱幼"的美德。老乌鸦将小乌鸦喂养大后年迈体衰时，壮年的儿女就会主动承担起捕物寻食、侍奉的责任。这在整个动物界都是极少见的。

那么人们为什么觉得这种鸟叫是"不祥之兆"呢？

传说在春秋战国时期，有个文人叫公冶长，他能听懂鸟语。有一天，他在树林里看见一只乌鸦，乌鸦对他说："公冶长，南山有一狼，快点去，莫慌张，你吃肉，我吃肠，肠子挂在树枝上。"公冶长赶到南山，看到有一恶狼拖着一只羊。他把狼赶走了，把羊带回家。由于兴奋过度，吃完肉后，他忘记把羊肠子给乌鸦挂在树枝上。记仇的乌鸦发誓要报复他。后来，乌鸦又唱了同样的歌骗公冶长去另一个地方，公冶长赶去一看，原来是强盗刚杀了人的现场。正当他吓得惊慌失措要走开时，公差来了，把他捉去了公堂。这件事传出去以后，人们都知道公冶长坐牢是被乌鸦害的。从此，就认为乌鸦叫是想要害人，为不祥之兆。

当然，这只是个传说故事而已，至于民间对乌鸦"不吉利"的看法大概是因为它全身乌黑，叫声嘶哑难听，又总在冬日和旷野里出现，因此给人不吉利的感觉，其实完全是没有科学依据的，纯属人们对它的偏见。

诸葛亮发明了木牛流马吗

《三国演义》第一百二十回"司马懿占北原渭桥，诸葛亮造木牛流马"中，描写诸葛亮在与司马懿打仗时，发明了一种新的运输工具，叫"木牛流马"，它们搬运粮米，非常便利，牛马都不用喂，可以昼夜转运不绝，解决了几十万大军的粮草运输问题，在当时来说极为先进。

司马懿听到探报，就派人去抢了数匹，命手艺高超的工匠仿制了千余匹，随后让军士驱驾木牛、流马，到大本营搬运粮草。后诸葛亮又派人乔装为魏军混入运输队，暗中将木牛、流马口中的舌头机关扭转，木牛、流马停住不能行动了。正当魏兵不知所措时，诸葛亮安排的五百军士又登场了，他们身着怪异的服装，鬼头兽身，以五彩涂面，边燃放烟火，边驱牛马而行。魏兵们个个看得目瞪口呆，皆以为神鬼，不敢追赶，诸葛亮轻而易举地没损一兵一卒获得了许多粮草。

这种神奇的运输工具，在当时的科技条件下可谓巧思绝作了，以至于很多人认为这纯属小说家凭空杜撰。但据史料记载，诸葛亮制造过木牛流马运军粮确有其事。在《仨同志·诸葛亮传》中记载："亮性长于巧思，损益连弩，木牛流马，皆出其意。"《三国志·后主传》中也有记载说："建兴九年，亮复出祁山，以木牛运，粮尽退军；十二年春，亮悉大众由斜谷出，以流马运，据武功五丈原，与司马宣王对于渭南。"研究资料表明，木牛、流马确实是诸葛亮的发明，分别是两种不同的运输工具，从使用的时间推测，先有木牛而后有流马，流马应该是木牛的改进版。

因为史料中并没有详细的介绍，所以，多年来，木牛流马一直没有公认的形象，人们对此做过许多猜测。

在民间传说中的木牛流马是"木头做的马头，再有其他零星的小块组成

△ 现代人想尽一切办法来复制当年的木牛流马

马身子，再组上马腿，肚子中间安上齿轮，木马后边有一个扳手，操作时一压走一步，再一压走一步"。可见，木牛流马是有齿轮的，而且还运用了杠杆原理。

也有人认为，木牛、流马形状都是四条腿，肚子中空，可以载重物的木制机械。按下和抬起马的脖子，流马就会迈开腿行走；木牛是通过按压后面的双辕行走。

还有人认为，木牛、流马只是改造过的四轮车和独轮车。

各种意见众说纷纭，但究竟哪种说法最符合木牛流马的原貌，至今仍难以评说。

紫禁城营建年代之谜

　　唐代诗人骆宾王曾说过："未睹皇居壮，安知天子尊。"可见皇帝的居处充分显示了唯天子独尊的威严和气势。北京紫禁城是我国明清两朝皇帝处理朝政、举行国家典仪和生活起居的地方，是世界古代宫廷建筑中的佼佼者，可是关于它的营建年代却有多种说法。

　　就像长城不是一朝一代建成的一样，紫禁城也并非完成于一朝一夕。史书上记载明永乐帝营建紫禁城的年月，有说是永乐四年，有说是永乐十四年，有说是永乐十五年，还有的说是永乐十八年。全面追溯紫禁城的历史，可以发现，紫禁城的营建其实是一个动态的过程，上述各个时间，都是紫禁城营建过程中具有重要意义的转折点。历史上永乐皇帝营建宫城共有三次，最后落成的就是我们今天所见到的紫禁城。再说严格一点，远在永乐皇帝以前，北京城已经在金和元的营建之下逐渐成为中国北方的政治、经济和文化中心，其营建的宫城正是后来明清两朝紫禁城的雏形，假如没有金和元时在北京建造的宫城，或许也就不会有今天的紫禁城。

　　据《金史》记载，1151年，金帝完颜亮役使民工八十万、兵夫四十万，于燕京营建新都，历时两年建成。1153年3月，"以迁都诏中外，改元贞元，改燕京为中都"。北京成为一代王朝的首都就是从这时开始的。中都仿照北宋都城汴梁规制，建有宫城、皇城和大城三重，宫城位于皇城中央，有九重三十六殿，"宫阙壮丽，延亘阡陌，上切霄汉，虽秦阿房、汉建章不过如是"（南宋诗人范成大语）。元代继续建都北京城，改称大都，从1267年起到1276年，元在金国的基础上对大都进行了大规模的改建。《日下旧闻考》引《析津志》记载：都城内"自南以至于北，谓之经；自东至西，谓之纬。大街二十四步阔，小街十二步阔。三百八十四火巷，二十九通"。在太液池

△ 北京故宫

（今中海、北海）东西两岸则是宏伟壮观的宫殿群，东为皇帝起居的大内，西为西宫，包括太子居住的隆福宫和太后居住的兴圣宫，大内与西宫分布在皇城中轴线的左右两边。元代的大内后来在明初被改建为奉天三殿，为永乐皇帝巡幸北京时的皇宫，不过它并不是今天的紫禁城。

1368年，明灭元后定都应天（今南京），大都改称北平府。永乐皇帝朱棣夺取帝位后，有意迁都北平，于是于1404年开始在北京营建宫殿，将元大内的前朝大明殿改建为皇帝行在官署奉天殿，永乐皇帝即在这里受朝，大明殿的后殿则被改为谨身殿。但这只不过是一时的权宜之举，永乐皇帝的最终设想是要建造一组能够反映奉天承运、敬天法祖的皇宫建筑，从而既体现古代宫廷建筑的规制设想，又能展示自己的统治思想。因此，就在营建北京宫殿的同时，他还组织了大量人力分赴全国各地采伐优质木材，并命北京、苏杭一带的御窑烧砖炼瓦，筹工备料，为大规模营建皇宫做准备。1412年，永乐皇帝命人在元大内的东南处开挖南海，这标志着营建紫禁城的规划正式敲定。1414年11月，永乐皇帝又下诏，命群臣商讨营建北京宫殿之事。次年，将元西宫改建为临时皇宫，设奉天殿，拆除了原先的奉天三殿建筑群（即元大内），并征集了全国十万工匠、百万夫役营建新皇宫及皇城。1420年9月4日，这座九重宫阙的主要宫殿基本完成，从准备到完工共历时十五年。11月，永乐皇帝发诏宣告皇宫告成，明年正月初一御新殿受朝贺，同时正式以北京为首都，南京作为陪都。

与元代的大内、西宫等皇宫建筑相比，明代的皇宫在其旧址上向东南方向稍作移动，但大部分仍重合在一起。稍许移动的原因，是因为改朝换代所致，新朝不可能沿用旧朝的龙脉，所以皇宫的位置自然必须作移动，元代取西山龙脉至城内作为皇宫的中轴线，明代则取北郊黄土山（即明十三陵所在的天寿山）龙脉至城内作为中轴线。但不知是巧合还是科学家和工匠们精心测算的结果，明代紫禁城的中轴线不光是北京城的中轴线，它恰巧也是地球的中央子午线。

皇宫建成之后，当时并不叫紫禁城，因为明初时并未划分宫城和皇城，均统称为"皇城"。正统皇帝时将宫城称为"内皇城"，而将外禁垣称为"外皇城"，到了嘉靖皇帝时，始将宫城改称为"紫禁城"，外禁垣则称为"皇城"。中国古代的天文学家将以北极星为中枢的一组星群称为紫薇星垣，并认为紫薇星垣恒居所有星体的中央，是天上帝王的居所，因而把紫薇星垣称作"紫宫"，有"紫微正中"之说。这样，紫宫就具有尊贵、天之枢的含义。而皇帝号称天子，乃天上帝王之子，是人世间最尊贵的，其所居住的皇宫自然就是全国的中枢，永居紫宫，四方归顺，这当然是封建皇帝最大的理想了。加之对一般老百姓来说，皇宫戒备森严，是绝对禁入之地，所以就被称为"紫禁城"。清朝也沿用了这个称呼。

明代紫禁城占地面积72万平方米，建筑面积约15万平方米，南北长960米，东西宽760米，城墙高11米，长3000多米，墙外又有宽52米、长3800米的护城河环绕，城墙四角矗立着风格绮丽的角楼。紫禁城的整个规制体现了《周礼·考工记》"国中九经九纬，左祖右社，面朝后市"的设想，前部（南城墙）的左侧是祭祀祖先的太庙，右侧是祭祀土地神和粮食神的社稷坛；同时"前朝后寝"，紫禁城的前部（南半部）即外朝，包括太和殿、中和殿、保和殿"三大殿"及两翼的建筑群，是皇帝处理朝政和举行各种国家盛典礼仪的地方，后部（北半部）即内廷，以乾清宫、交泰殿、坤宁宫"后三宫"为中心，是皇帝及其后妃们生活的地方。紫禁城以北则有进行交易的集市。紫禁城又是前水后山的布局，前有天安门前的外金水河及太和殿前的金水河，后有人工堆成的50余米高的万岁山煤山（清朝改称景山），形成背山面水、山环水抱的吉祥格局。城内的主体建筑皆坐北朝南沿中轴线排列，两侧建筑依次对称向左右展开，中轴线上的建筑高大华丽，两侧的建筑低矮简单，通过这种反差来体现皇权至高无上的封建等级观念。这条中轴线贯穿皇宫南面正门午门、三大殿、后三宫，经皇宫北门神武门，向南一直到皇城正门天安门、外城南门永定门，向北则沿景山、钟楼至鼓楼。中轴线上的太和殿正巧位于大明门（清朝称大清门，民国后称中华门，原址在今人民英雄纪念碑一带）至景山的黄金分割点上。

紫禁城建成之后，明清两朝又曾多次对其进行重修和扩建，但始终保持了原来的布局和建筑风格，我们今天所见到的紫禁城大多是清初时重建的，明代营建的紫禁城已经基本不复存在了。走进皇宫正门午门，过内金水桥，迎面矗立的高大威严的奉天殿等三大殿重建次数最多，建成后不到百日即发生火灾被烧毁，1441年复建。1557年，三大殿又遭火灾，四十一年再重建，改称皇极殿、中极殿和建极殿。1597年，前三殿再次被毁于火，至1627年完成重建。李自成进京时再次被毁，1653年重建后改称太和殿（一般人称之为"金銮殿"）、中和殿和保和殿，1669年重修，1695年再次重修，将太和殿由面阔九间改为面阔十一间，经过近三年施工，始成为现在的规模。内廷正殿乾清宫也于1514年毁于火，十六年复建，1596年又被烧，重建后再于明末被毁，清顺治十二年重建，1669年和1797年又两次重修过。此外，午门重建于1647年，承天门于1651年重修，改名为天安门，乾隆时还兴建了宁寿宫等。

清朝皇子上书房读书之谜

参观过北京故宫的人，对故宫乾清门内东侧的廊房一定不会陌生，这里曾是清朝皇子皇孙们的读书处——上书房。上书房就是皇宫里的贵族学校，皇帝从小在这里苦读诗史，学习经国之略。

清朝的皇帝非常重视教育。早在清军入关之前，努尔哈赤和皇太极一边忙于打仗，一边还延聘汉人学者为师傅，"以万金供养之"，教育其年幼的子孙。康熙五岁即开始读书学习，其刻苦程度在历代帝王中堪称绝无仅有：他自己规定，师傅教习的汉文古籍每天须背诵一百二十遍，"年无间日"。就这样，将《大学》、《中庸》、《论语》、《孟子》、《诗经》、《左传》等"字字成诵"，烂熟于胸，不要说是一个满族孩子，就是汉族成年人，这也是一件非常不容易的事情。

在父祖辈的严厉督促和言传身教下，皇子皇孙们从小拒绝养尊处优，虚龄一到六岁（清初皇太极规定八岁），就进入皇宫里的"贵族学校"上书房读书学习，陪读的是近支王公子孙。康熙年间，诸皇子分居皇宫内各处，因此没有一处集中的上书房，皇子们的读书处有毓庆宫、撷芳殿、南薰殿、西长房、兆祥所、咸福宫等多处。自雍正时起，将寝宫从乾清宫移至养心殿，才将上书房设于乾清门内东侧的这排廊房。同治、光绪两帝年幼即位，由于已是皇帝，身份不同于皇子，所以不去上书房读书，而是在毓庆宫读书。此外，在圆明园的勤政殿以东也设有上书房，是供皇子们住行宫时的学习场所。

皇子们的老师称为上书房师傅，是从翰林院优选出来的儒学大师或满汉重臣，品行端方，学问优长且传道有方。清朝历代皇帝对上书房师傅的人选都非常重视，选派信得过的官员担任此职，如雍正时身兼大学士、尚书、军

△ 乾清宫上书房

机大臣于一身的鄂尔泰、张廷玉，乾隆末年的刘墉，嘉庆时的朱珪等，都曾担任过上书房师傅。咸丰在争位胜了皇六子奕䜣当上皇帝后，将为自己即位立下汗马功劳的老师杜受田提拔为上书房师傅。同治、光绪年间的大学士翁同龢也担任过两代皇帝的师傅。

中国传统讲究师道尊严，学生、徒弟一律得向老师行跪拜礼，所以雍正皇帝命皇子们第一天正式上课前，先要向师傅行拜师礼。但是皇子身份尊贵，平日里都是王公大臣们向皇子行跪拜礼，上书房师傅哪敢受这个礼，于是惶恐不安地拒不接受跪拜，最后变成一个折中的礼仪：皇子与师傅见面，彼此施以长揖。有了这种特殊的尊崇，日后师傅们在任何场合见到皇子，都不必再跪拜，只需捧手为礼即可。

清朝对皇家子弟读书的要求是：使之"习于学问，讲明义理，忠君亲上"。雍正亲自为上书房题写了一副楹联："立身以至诚为本，读书以明理为先。"这副楹联以后就一直挂在上书房的书斋内，它也是皇帝对皇子们的殷切寄语，从此，上书房里每天都传出这些天潢贵胄们的琅琅读书声。上书房师傅对皇子们的要求非常严格，皇子们必须早上五点钟之前赶到上书房，算起来，他们差不多每天凌晨四点前后就要起床了，而且不管风雨交加还是严寒酷暑都不得缺席，这对少年皇子的心志的确是一种很好的锻炼。上书房的学习课程主要有四部分：一是汉文和儒家经典。清军入关后，面对的是广大的汉土汉人，为笼络汉人巩固其统治，清朝各代皇帝都非常重视对汉文化的学习和借鉴，尤其是四书五经等汉文经典，更是皇子们必须熟记于胸的，日后做皇帝或做朝廷大臣，都少不了从中领悟到"古帝王孜孜求治之意"。雍正时规定，皇子们必读的汉文功课有五经、《史记》、《汉书》、策问、诗赋等，其中诗赋每天必学，因此清朝皇帝的文学修养都很高，写诗赋词不在话下。二是汉字书法。清朝的君臣大都擅长书法，康熙尤其雅好且有所成就，他要求诸皇子勤学苦练，因此自康熙时起，书法也成为皇子们的必修课。三是满文和蒙文。自1599年清太祖努尔哈赤在蒙古文基础上创制满文以来，清朝的官修编年史书和许多典章仪制等都是用满文写成的，身为满族后裔对这些祖先的历史等必须阅读和熟悉；另一方面，清皇族和蒙古有着特殊的部族联姻关系，蒙古各部族的拥戴和支持是清朝统治不可缺少的基础之一，因此蒙古文对他们来说是最重要的外交语言，康熙、乾隆等都非常精通蒙文。另外有一门课程则是弓箭骑射。弓箭骑射是八旗子弟的传统技艺，满族就是在马上夺取天下的，上书房前的一片空地就是当年皇子们练习射箭的地方。

上书房每天规定的学习时间是早上两小时读书、背书，下午两小时体育活动，就是练习射箭，其余时间休息、吃饭也都在上书房。早上师傅来到上书房后，先检查皇子们的功课，让皇子背诵前日学习的章节，背到朗朗上口、一字不差，再接着讲解下一段，然后再让皇子们背诵。到了上午七八点钟，在乾清门上朝的皇帝上朝结束，皇子们的读书也告一段落，正好休息。有时候，皇帝听完早朝会特意到上书房来，让皇子们背诵一段书，检查他们的学习情况。到了午时，有侍卫送来午饭，老师和皇子们在各自的座位上用餐。用完餐后一般不休息，花一些时间复习前面所学内容或是练习写字。这时候如果在冬天还好，如果是夏天正是暑热难当的时候，而皇子们按照规矩再热也是不许扇扇子的，所以清朝的皇帝在召见大臣时，一律不扇扇子、不擦汗，恐怕跟小时候的教育锻炼也不无关系。下午两点左右，皇子们来到上书房外的空地上进行体育活动，练习骑射武艺，同时也是休息。负责教骑射的"谙达"（满语意为教习）身份不比上书房师傅，他们在皇子们眼里至多也就是服役人员罢了，而教习四书五经和儒家经典著作的师傅就不同了，皇子们哪怕当上皇帝，对其仍然敬畏有加。据记载，嘉庆在上书房读书时的师傅朱珪病故，嘉庆皇帝亲自到朱的府第去吊唁。下午至晚上六七点钟，皇子们常常还留在上书房里，复诵诗文或是赋诗、写字，十分用功。

乾隆少时读书非常刻苦，后来他当上皇帝，还特意在雍正的楹联旁附上一联："念始终典于学，于缉熙单厥心。"并为上书房书斋题写匾额"养正毓德"。乾隆"御门听政"时，经常听到从上书房传来的琅琅读书声，感觉非常亲切和欣慰，他曾赋诗一首回忆自己的读书生活，其中有这样的诗句："为何声朗朗，毓德想鱼鱼。教子惭贞观，延师企二疏……明窗晴旭暖，忽忆十年初……"诗中的"二疏"指汉代的疏广、疏受，他们都是著名的太子老师。或许正是因为乾隆少时读书刻苦的缘故，他才能号称"十全老人"，成为一名创下盛世功绩的杰出皇帝。

史书记载，康熙皇帝有三十五个儿子、九十七个孙辈，全都学有所成，有做皇帝的，有成为丹青高手的，有成为科学家的，没有一个是纨绔子弟。可见上书房这所皇宫里的特殊学校，不光是造就皇帝的摇篮，在培养皇家子弟德智体全面发展方面也是卓有成效的。

古代皇帝丧仪之谜

古代皇帝也同普通百姓一样，难免一死。但皇帝毕竟是皇帝，皇帝死了属于国丧，不仅朝廷要举行浩大而隆重的治丧活动，连百官军民都得身着丧服，为死去的皇帝致哀。

自古以来，人类死亡在所难免，这是自然命数。古代的皇帝也一样，只要禀受五常，也终得一死。皇帝死后，要按照一套严格的丧礼仪式，举行极为浩大而隆重的治丧活动，整个活动大约持续近一个月。在这期间，皇室、民间必须停止一切娱乐、婚嫁活动，嗣皇帝、皇室成员及百官军民一律身着丧服，为死去的皇帝致哀。

从死去到被埋葬入陵，此时的皇帝被称为"大行（音xìng）皇帝"，顾名思义，大概就是"往极乐世界而行"的意思吧。《后汉书·安帝纪》云："大行皇帝，不永天年。"唐章怀太子李贤注引用三国时韦昭的话称："大行者，不返之辞也。"可见是"一去不复返"之意。但一旦定下谥号，就不再称为"大行皇帝"了。按照古代封建礼制，"生有名，死有谥"，皇帝死了，要在宫中为他举行一次上谥典礼，根据皇帝生前事迹，评定一个谥号，算是给他盖棺论定，然后才能入殓葬进皇陵。因此，上谥也是古代皇帝死后丧仪中的一个重要环节。

根据谥法，谥号所用之字都有固定的含义。如慈惠爱民、道德博厚曰"文"，安乐抚民曰"康"，布纲治纪曰"平"，克定祸乱曰"武"，主义行德曰"元"等，这些是美谥。"炀"表示好内远礼；"厉"表示"暴慢无亲"，"杀戮无辜"；"荒"表示"好乐怠政"、"外内从乱"。这些是恶谥。还有一类表示同情的谥号。如"愍"，也作"闵"，表示在国逢难，"怀"表示慈仁短折等。据学者研究，早在上古三代的周穆王前后就已出现谥号，最初是不分美恶的，到了周厉王，因为他贪婪残暴，国人发动暴动将他赶下台，西周共和之后，便定谥号为"厉"以表示对他的斥责。在古代文献中，人们对前代帝王多不称姓名或尊号，而称庙号、谥号或年号。一般来说，对隋以前的皇帝多称谥号，如汉武帝、晋怀帝、隋炀帝等。唐至元朝的皇帝多称庙号，如唐太宗、宋仁宗、元英宗等。对明清两朝的皇帝多称年号，如永乐皇帝、康熙皇帝等。谥号经大臣们商议后由礼官提出，最后由嗣皇帝钦定。比如清朝的康熙皇帝死后，根据其在位期间的政绩，定谥号为"合天弘运文武睿哲恭俭宽裕孝敬诚信功德大成仁皇帝"。简称为"大成仁皇帝"，但后世往往只用其庙号"清圣祖"来称呼他。而"康熙皇帝"则是用其年号来代称皇帝，皇帝在世时，群臣百姓一般称呼皇帝为"今上"，意思是当今的皇帝。

皇帝死后当天，嗣皇帝和皇室所有成员身穿孝服，大行皇帝的灵柩则暂时安放在后宫。接下来是一系列的治丧活动，包括发丧、宫中举哀、沐浴、饭含、入殓、发引、遗奠、安神等流程。

发丧就是宫廷正式对外发布皇帝的死讯，相当于发表讣告。宫中沮丧时，以嗣皇帝为首的皇族成员，按照礼仪官的引导，捶胸顿足，高声哀哭。内廷侍从用热水为皇帝的遗体沐浴，并梳理头发，然后拭干，将遗体安放在床上，遵照《诗经》所说，"下莞上簟，乃安斯寝"，床的上层铺一张竹席（簟），竹席下面垫蒲草席（莞）。在遗体枕卧的枕头下有一个小袋子，里面盛着死去的皇帝平时掉下的头发和剪下的指甲，因为古代人认为这是父母精血之产物，应当珍藏而不可弃，要大殓时一同纳入棺中的。安放好遗体后，再给皇帝遗体裹上明衣裳，然后以方巾覆面，以大殓之衾盖身。

古代为了象征死后与生前一样享用丰盛的食物，还要在死去的皇帝口中纳入"饭含"。最早规定是天子含珠，诸侯含玉，汉代以后皇帝死后都含珠。饭含礼仪完成后，负责服饰的殡仪人员抬过来装着殓衣的箱子，摘去大行皇帝的面巾，换上面衣，再往耳朵里塞进宝玉，称为"充耳"，手上套以金玉指环，称为"手握"，再套上手衣，脚上着舄（音xì）。然后一层层穿上殓衣服，最多的要穿上十二重殓衣，之后覆以大殓之衾。汉代皇帝的殓衣最奢侈，常常是用玉石和金缕连缀而成，称为"金缕玉衣"，从头覆到脚，我们从出土的汉代帝王墓中可以看到这种豪华的殓衣。

沐浴、饭含之后举行小殓和大殓。唐代规定，小殓在天明时举行。尚食官先备好太牢之馔，宫中敲起鼓，然后将小殓床用白色的帷幄围起来，将殓尸所用的束带等放在殿中，打开宫殿各门，禁卫设仪仗，百官、内外命妇侍立而待，嗣皇帝、皇子、亲王等在礼仪官的指引下来到殓床前，齐声痛哭。紧接着便是大殓，这是整个治丧活动的高潮部分，参加者包括先帝的皇叔、皇弟、皇堂兄弟、诸公主等人。嗣皇帝按礼仪官的奏请拜地而哭，所有在场者也随之拜地而哭，作伤心欲绝的样子。然后，礼仪官奏请皇帝停止哭丧，大殓仪式便算结束。大殓之后，灵柩还要在宫中停放几日，供王公大臣"瞻仰遗容"，这时的灵柩称为"梓宫"。

宫中的治丧活动结束后，择日举行发引，即将先帝的灵柩抬出宫，送往陵园。明代规定，发引之前，百官斋戒三日，遣官以葬期告天地、宗庙、社稷。发引的前一天，遣官祭金水桥、午门、端门、承天门（今天安门）、大明门（清朝改称大清门，民国称中华门，原址在今人民英雄纪念碑一带）以及通往皇陵沿途的清河桥、沙河桥等处。当晚举行辞灵礼，嗣皇帝、先帝的后妃、皇子、亲王等，都身着哀服依序致祭。

梓宫到达午门时，要举行一个遣奠仪式，相当于告别仪式，然后灵驾才继续前行。嗣皇帝、先帝后妃、皇子、亲王等一行人哭天号地，依依难舍。内侍跪在地上，奏请嗣皇帝回宫，然后导引嗣皇帝、后妃还宫，而皇子、亲王等则哭送灵驾升舆、出端门。灵驾出了端门，再暂停，在太庙由皇子主持行辞祖礼。礼毕，再由承天门出，皇子、亲王步送至德胜门，随后骑马送灵驾至皇陵。到了皇陵，先将梓宫安放在享殿内，举行安神仪式，祈愿先帝在他界安息，然后到预定的吉时才可下葬，将梓宫抬入玄宫，并将谥册、宝印、明器及随葬物品一起摆在里面，封起地宫大门，再举行享礼，整个皇帝的丧仪才算全部结束。

才学出众的苏小妹是人们的想象还是确有其人

在一些关于宋代大文豪苏东坡的故事中，总会出现苏小妹的影子。她虽然长相很是普通，但是据说从小习读诗文，出口成章，其才学不比苏东坡差，关于兄妹斗智就有一个非常著名的故事。

一天，苏东坡拿妹妹的长相开玩笑，形容妹妹的凸额凹眼是：

未出堂前三五步，额头先到画堂前；

几回拭泪深难到，留得汪汪两道泉。

苏东坡以为得了便宜，得意洋洋，却没想到苏小妹嘻嘻一笑，当即针对苏东坡的面貌反唇相讥：

一丛哀草出唇间，须发连鬓耳杳然；

口角几回无觅处，忽闻毛里有声传。

这诗讥笑的是苏东坡那不加修理、乱蓬蓬的络腮胡须。然而，这位苏小妹觉得只说苏东坡的胡须似乎又还没有抓到痛处，觉得自己没有占到便宜，再一端详，发现哥哥额头扁平，了无峥嵘之感，又一副马脸，长达一尺，两只眼睛距离较远，整个就是五官搭配不合比例，当即又做诗一首：

天平地阔路三千，遥望双眉云汉间；

去年一滴相思泪，至今流不到腮边。

苏东坡兄妹斗法终以苏小妹胜而苏东坡败而告终。

这位苏小妹不仅才学才人，还精通经理，是个有思想境界不凡的女辈。

有一次，苏东坡和好友佛印和尚在林中打坐，日移竹影，一片寂然。

很久了，佛印对苏东坡说："观君坐姿，酷似佛祖。"苏东坡心中欢喜，看到佛印的褐色袈裟逶迤在地，对佛印说："上人坐姿，活像一堆牛粪。"佛印和尚微笑着没说话。

苏东坡心想这回让佛印和尚吃了一记闷亏，暗暗得意，禁不住美滋滋地告诉苏小妹，想不到苏小妹却说："你以为你赢了，还得意洋洋，其实你是输给了佛印，试想佛印以佛心看你似佛，而你又是以什么样的心情来看佛印呢？"

这句话说得苏东坡恍然大悟。

苏小妹的故事在民间可以说是家喻户晓，人们津津乐道的是才女的文思敏捷和才子配佳人的佳话，如《苏小妹三难新郎》、《苏小妹三难佛印》、《兄妹戏对》等。但是，历史上到底有没有苏小妹其人，后世很多人表示了置疑。

首先，传说中的"苏小妹"并不是苏东坡的妹妹。据苏洵《自尤》一诗记载，苏东坡姊妹中最年幼者叫八娘，她虽然是苏洵的小女，可称之为小妹，但她的年龄比苏东坡还大一岁，所以应该是苏东坡的姐姐而非东坡的妹妹。

其次，"苏小妹"也不是秦观之妻。秦现在《徐君主簿行状》中写道："（徐成甫）女三人，曰文美、文英、文柔……以文美妻余。"可见，秦观之妻是徐文美，而非"苏小妹"。

另外，冯梦龙在《醒世恒言》第十一回《苏小妹三难新郎》记载了"苏小妹"的故事。但是，明朝进士单宇的《菊坡丛话》载："人言无苏妹"，断言无苏小妹其人，而南宋·张邦基《黑庄漫录》却又说："苏氏丞相容妹"，似乎又肯定苏东坡确有个妹妹。而苏东坡在《祭柳子王文》中自己提道："欣然二孙，则谓我舅。"则明言自己的确是有个姊妹的。实际上，这是八娘与传说中的"苏小妹"被混淆之处，而苏东坡其实并无胞妹，在其文章中所言的妹，乃是苏东坡的二伯父苏涣之幼女、情同手足的亲堂妹小二娘，而此妹也并非传说中的"苏小妹"。

由此，我们可以看出苏小妹只是一个杜撰出来的人物而已。但是，人们是出于怎样的原因杜撰了这样一个人物形象，她的原型又是谁呢？有人说，她的形象正是苏东坡形象的另一面，这似乎也有一定道理，但事实究竟如何仍然难下定论。

孙悟空的身世之谜

《西游记》是中国古典四大名著之一，是一部神话小说。既然是神话小说，也就是说，里面很多的人物和情节都是杜撰出来的。但是，近些年来，一些学者又提出了孙悟空的身世问题。那个会七十二变，一个筋斗云能翻十万八千里的"齐天大圣"，到底是作者的杜撰，还是真的有其文学形象的来源呢？

《西游记》成书后，人们对其中孙悟空身世的认识，可能更多局限于作者的描述，在《西游记》中，孙悟空自称"东胜神州傲来国花果山水帘洞人氏"，而且民间说是从石头缝里蹦出来的。直到鲁迅的《中国小说史略》开一代先河，"孙悟空"究竟是何方神圣，才作为一个严肃的学术问题摆在桌面上。但是，至今已经半个多世纪过去了，关于孙悟空的身世却还是争论不休。主要有以下几种说法：

第一种说法：孙悟空是印度人。印度古代叙事诗《罗摩衍那》中有一个神通广大、智勇双全的神猴，叫"哈奴曼"，因此有专家提出孙悟空是从印度"进口"的，随着印度文化和佛教传入中国。胡适和陈寅恪都支持这个说法。胡适说："我总疑心这个神通广大的猴子不是国货，乃是一件从印度进口的。也许连无支祁的神话也是受了印度影响而仿造的。"他在印度最古老的史诗《罗摩衍那》中找到一个神猴哈奴曼，认为这是孙悟空最早的原型。

陈寅恪不仅验证孙悟空的原型即《罗摩衍那》中的哈奴曼，而且又以另一部《贤愚经》作为复证，他发现"大闹天宫"的故事，本来源自两个绝不相干的印度民间故事，传入中国后，佛经传播者在讲说时有意无意将二者合二为一。

第二种说法：与第一种说法相对的，是鲁迅先生的"国产说"。他认为孙悟空的形象源于中国民间传说，即孙悟空的形象是由唐人传奇《古岳渎经》中的淮涡水神无支祁演化而来的，"明吴承恩演《西游记》，又移其神变奋迅之状于孙悟空"。

第三种说法：孙悟空形象的想象来自于江苏省连云港。据专家考证，《西游记》中所说的"东胜神州"，即今天的江苏省连云港。在江苏省连云港市近郊有一座云台山。山上奇峰异石迭起，飞瀑流泉，花果飘香，还有水帘洞、八戒石、九龙桥、南天门、三元宫等景观，很有点人间仙界的意境。据专家推测，作者吴承恩在此饱览山水风光，收集民间传说，山中以水帘洞为主的七十二洞天和女娲遗石引发了他的灵感，并据此创造了孙悟空降世，即女娲遗石的故事，并将孙悟空栖息的地方命名为花果山。

第四种说法：孙悟空是福建人。1980年，日本北海道大学学者中野美代子首次提出"孙悟空护送唐僧西天取经"的传说源于福建，福建学者也将孙悟空形象的发源地锁定在顺昌县的宝山。不久前，考古工作者在福建省顺昌县发现了"孙悟空兄弟"的合葬墓。这座墓位于顺昌境内的一座叫宝山的高山上。在山顶上竖立着两个墓碑，其一上书："齐天大圣"，另一上书："通天大圣"。据考证，这两座墓碑已立近千年。专家据此指出"齐天大圣"应该是福建人。

第五种说法：孙悟空是甘肃人。专家通过对甘肃榆林石窟中的壁画《唐僧取经图》进行研究后发现，壁画中一位紧随唐僧的尖嘴猴腮的"胡人"正是孙悟空的原型。敦煌研究院的学者也曾撰文指出，图中的猴形人即孙悟空原型，名叫石磐陀，其家乡在今甘肃省安西县锁阳城一带，所以孙悟空有可能是甘肃人。

第六种说法：孙悟空是山西人。山西两位学者经十多年考察认定：《西游记》中的孙悟空这一艺术形象，也与唐僧一样是由现实生活中确实存在过的真实人物经过演变、塑造而成的。这个生活原型是山西娄烦县人氏。他们在查阅清康熙三十九年黄图昌编撰的《静乐县志》卷十"杂记"中发现，对"花果山"在娄烦县、"孙行者"是娄烦人有着明确的记载："花果山：南乡近龙和者有'花果山'，取春、夏间花果满山为名也。或者附之以'水帘洞'，谓'孙行者，娄烦人'……"除此以外，南宋诗人刘克庄曾写过"取经烦孙行者"的诗句。据考证，唐宋时乃至全国县级以上地名中有"烦"字的，除"娄烦"外，再无第二。

另外值得一提的是，唐、宋时期娄烦一直是为皇家饲养军马的"监牧地"。唐朝时，最多养马达"七十万，色别为群，望之如云"，历史上也曾有"娄烦骏马甲天下"的美称。《西游记》中有孙悟空大闹天宫，玉皇大帝无奈封他为"御马监"的"弼马温"，专管养马的情节。如果回到现实社会当中，在中国历史上能具备"御马监"的地方，恐怕只有山西娄烦了。

第七种说法：孙悟空是山东人。山东学者称："孙悟空是山东人，花果山的原型是泰山。"学者经研究发现：《西游记》中所提到的一些具体地名，如"傲来国""晒经石""奈何桥""南天门""地府"等，都可以在泰山上找到，并且大多都是泰山所独有的，有一二十处景点都与书中所提到的地名一一对应。据学者考证，东胜神州的含义应该指的是道教神仙所在地蓬莱仙岛，也就是古代齐国的所在地，更重要的是那个"傲来国"，只有山东泰山有傲来峰，而第九十九会出现的"晒经石"也是泰山独有的，且成名早于明朝。另外，泰山上的天宫、王母池、一天门、二天门、三天门（南天门）、东天门、西天门等地名，也都和《西游记》完全一一对应。尽管全国有十多处水帘洞，但只有泰山的水帘洞洞前有桥，和《西游记》中的描述完全吻合。

第八种说法：唐代高僧"释悟空"说。释悟空的俗家姓名叫车奉朝，751年随张光韬出使西域，因病在犍陀罗国出家，789年回到京师。释悟空较玄奘晚了40多年，但是他的出境地点也始自安西，回来时在西域从事翻译和传教活动多年，留下了许多事迹和传说。有学者认为，在"取经"故事漫长的流变过程中，人们逐渐将释悟空的名字与传说中陪同唐僧取经的"孙行者"的名字联系并捏合在一起，逐渐形成了"孙悟空"的艺术形象。

各说各有理。但是有一点似乎是可以为绝大多数人所接受的，那就是孙悟空是中国人。在中国很多地方都有孙悟空的庙宇，并流传着许多传说，这些都是中国"猴文化"在每个地区留下的痕迹。但是，究竟孙悟空的身世之谜何时才能解开，没有人能给出确切的答案。

中国象棋中为何每方有五个卒子

中国象棋是一种开发智力、活跃思维的体育运动项目，它的历史非常悠久。

战国时代，那时盛行着一种文博象棋，每方六枚棋子，进行攻守转换。到了唐代，象棋有了一些改变，棋子也有了很详细的归类划分，当时就有了将、马、车、卒四个种类，棋盘由黑白相同的六十四个方格拼凑组成。到了宋代，除了因为中国四大发明之一的火药而产生的炮之外，还增加了士和象。这样，中国象棋的雏形就有了。到了明代，可能是为了下棋和记忆方便，将一方的"将"改为"帅"，和现代的中国象棋一样。

小卒（小兵）是中国象棋中的一个兵种，红黑双方各有五个。但古人为什么要设立五个卒子，对此问题有以下几种说法：

第一种说法认为：它是在创建中受战争影响形成的。在古时周朝军队的编制中，"伍"由五名步兵组成，他们的作战兵器分别是：弓、殳、矛、戈、戟。这种"伍"兵配合作战的情形反映到中国象棋中便成了今天双方对弈的五个小卒子。

第二种说法认为：中国自古以来就有五行之说，金、木、水、火、土，五行概括了众多的生态和物质。

第三种说法认为：设"五"个卒是因为人有"五"官，在通常意义上，人正是通过此五官来感触世界、了解世界、理解世界的，五官是人类认识世界的最基本起点。

第四种说法认为：是基于游戏规则，设立五个卒是古人经过多次的实验得到的最佳的方案。

象棋是中国人伟大的发明，每个棋子的设计都反映出古人的聪明才智，至于为何每方要设五个小卒这一疑问今人恐难以说清楚。

"麻将"的起源与梁山好汉有关吗

麻将本名应是"抹将"。相传元末明初有个名叫万秉迢的人，非常推崇施耐庵笔下的梁山好汉，希望让达官贵人们也知道水浒故事，进而爱民护民，于是发明了麻将，将水浒英雄融入这个游戏中。麻将以108张为基数，分别隐喻108条好汉。

△ 宁波天一阁麻将陈列馆

麻将之所以分为万、饼、条三类，是取其万秉迢姓名的谐音。每类从一到九各有四张牌，刚好108张。如牌中九条喻为"九纹龙"史进，二条喻为"双鞭"呼延灼，一饼喻为"黑旋风"李逵。108条好汉又是从四面八方会聚梁山，所以加上东、西、南、北、中五个方位各添四张牌计20张。这些好汉有富贵贫穷各阶层，所以再加上"发"、"白"隐喻富有及穷白，加上八张牌，整副牌共计136张。

后来又加上各种花牌，整副牌共计144张。

不过这只是麻将牌起源的一个说法。麻将牌究竟起源于什么年代，和梁上好汉有没有关系，古今说法莫衷一是。

"福如东海，寿比南山"中的"东海"、"南山"在何处？

中国人常说，"福如东海长流水，寿比南山不老松"。那么，"东海"、"南山"到底指什么地方呢？

东海就是现在的渤海，古有"海纳百川"之说。古代中国的经济中心在黄土高原、华北平原，毗邻渤海，所以古人认为渤海是最大的海，因此以"福如东海"比喻福气自四方云集，像东海的水一样绵绵不尽。

关于南山的说法最早见于《诗经·小雅·天保》："如月之恒，如日之升。如南山之寿，不骞不崩。"大意是：犹如上弦的月，好比初升的日。恰似南山之寿，不会崩坍陷落。但这里的南山是指哪座山，已经很难考证了。其中有以下两种说法：

第一种说法：相传唐代高僧鉴真在748年与三十五个门徒第五次东渡日本时，因遇到台风，漂流至振州（今三亚市）宁远河口（今海山奇观风景区一带）。他们筋疲力尽地踏上南山（今三亚市的鳌山）的土地，却马上恢复了精神。这件奇事一传十，十传百，人们从此把南山叫做仙山。传说到过南山的人有病去病，无病健身，个个长寿。于是人们就用寿比南山来祝福他人长寿。

第二种说法：现代人认为"南山"指山东省青州市南侧十多里外的云门山。此山不高，但风景优美，古迹颇多。山顶有云窟和云门洞。洞穿南北，洞下悬崖峭壁，绝壁上刻有一个巨大的"寿"字，是明朝嘉靖年间（1522～1566）衡王府的周全所书，距今已有400多年。"寿"字高7.5米，宽3.7米，高大雄伟，气势磅礴，实属天下奇观。单是下面的"寸"字，就达3米多高。故有"青州府里，人无寸高"之说。人站在"寿"字下面，昂首仰望，"寿"高入云。"寿比南山"之说便由此出。

女娲的性别之谜

据说盘古开天辟地后，天地间仅他一人，空荡寂寞。盘古死后，不知过了多少年，人类始祖女娲氏诞生了。女娲孤独地生活在空旷的天地间，非常寂寞，她决心造出一些人，跟她一起生活。

女娲用黄泥和水，按照自己的模样捏成泥人。她对着泥人吹气，泥人竟活啦！女娲兴奋之余，捏出许多泥人。他们得到始祖的气息，全都欢跳在女娲的周围。一个一个地造人太累了，于是女娲抓起一条绳子，对准剩余的黄泥，一顿抽打。泥水四溅，落到地下，全成了活人！他们围着女娲喊祖宗，女娲疲惫不堪，挥手让他们离去。这些人男女组合，生产劳动，繁衍子孙，快乐地生活。

女娲昏睡中，被猛烈的大雨浇醒。她睁眼一看，天空摇摇欲坠，露出可怕的黑洞。狂虐的暴雨倾泻下来，大地一片汪洋。她的子孙们，有的被洪水吞噬，有的被猛禽走兽咬毙。一时间，死亡不计其数。女娲大吼一声，她绝不能容忍自己的子孙受此荼毒！

女娲察看天空，发现支撑天空的四根天柱，日久糟朽了，所以天似乎要塌陷。她冲入海中，擒来巨龟，斩下四腿，撑住天空。她拣来石块，烧制五色石，修补天空。女娲又杀死泛滥洪水的黑龙，堵住冒水的地缝。大地恢复了鸟语花香，人类又开始了平安的生活。

现在看来，天又不是石头做的，以石补天，人力不及，似乎有些荒唐。东汉的王充《论衡·谈天篇》评述说：天非玉石，岂石能补？女娲高不及天，如何补天？龟体巨大，天地难容，肤坚似钢，女娲难以擒杀，砍龟足做天柱之事不可能。那么，后人又是怎样理解和解释女娲炼石补天这事儿呢？

明清学者解释为：上古时，人茹毛饮血，不知用火。

女娲炼石取火，使原始人能吃上熟食，夜里能照明，取暖，实际上弥补了天力的不足，谓之补天。但这与燧人氏钻木取火有异曲同工之效，为何不说燧人氏补天呢？有学者认为，五色石指青黄赤白黑五色，应该含有金属矿物质。女娲识别了它们，并用火锻造，制成坚硬的原始器物，开创了原始冶金业先河。这是了不起的功绩，以人力补天力。因此，可以说"女娲补天"。

实际上，女娲这一人物本身就具有非常神秘的色彩。至于她是男是女，就引起过争论。大多数人认为她是女性。《太平御览》引言：女娲氏，风姓。会制作牺牲祭品，有厨艺。蛇身人首，也叫女希，是女皇。而南宋郑樵《通志·三皇纪》也记载：伏羲死后，女娲即位，成为女皇。《春秋世谱》说，女娲是伏羲的妹妹。唐代人又说女娲是伏羲的妻子。这些意见，总体认为女娲是女性。

而清代学者赵翼考证，女娲竟是男性。他认为女娲本来是风姓，号女希氏，是上古时代贤明的帝王，位列三皇之中。当时没有文字记载，后人因音成字。女娲是姓氏，而不是性别。这种看法虽然新奇，但也有其道理。只是令后人更加困惑。

既有女娲其人，就应有陵墓。后人一考证，结果竟发现了五处。第一处是山西永济县风陵渡。因为史书记载女娲是风姓，故女娲陵称风陵，也称风陂或风陵堆。《山西通志》记此是风后之夫，风后即指女娲。第二处在陕西潼关县。《陕西通志》记述说，上古风陵，就是女娲陵，在潼关卫城北黄河中。第三处在河南阌乡。《河南通志》记述道：女娲陵，位于阌乡县黄河之滨。第四处为山西赵城县。《平阳府志》说：娲皇陵，在赵城县侯村里。有东西两座，高大威严。五处为山东济宁。《兖州府志》讲：女娲陵位于济宁州东南三十九里。竟有五个地方，有根有据地指出女娲葬处，也分不清谁是谁非，也让我们变得更加困惑了。

随着人类社会的不断发展和全人类的共同努力，希望女娲之谜会最终破解。

王国维自杀之谜

1927年6月2日上午，一代国家大师王国维在颐和园昆明湖投湖弃世。王国维此举令海内外学术界极为震惊。因何自沉？几十年来依然是不解之谜。

对于王国维自杀原因，亲属始终讳莫如深，但从其所留遗书可以觅得蛛丝马迹，至少说明王国维之死非一时冲动，而是"蓄谋已久"。

据当年的当事人回忆，6月2日早晨，王国维忽然找到吴宓，说有事将外出，需借用5元钱。接钱后就出校门雇人力车急行而去。到了下午，家人找到吴宓处，说他没

△ 王国维

留片言出门至今未回，吴便求人四处寻觅，后从车夫处得知一长者去了颐和园，众人便到颐和园，却不见王国维。后来又从管理员处得知，有一长者曾在排云殿鱼藻轩徘徊多时。大家又到鱼藻轩去找，只见一地烟蒂，却不见人影。忽见稍远一点地方水中似有人影，有人就下水探寻，果然触到一人体，头没于湖底泥中，而后背衣衫还未完全浸透——正是已死去多时的王国维。

家人清理遗物时，发现了他死前一日所写的遗书。遗书一开头有"五十之年，只欠一死，经此世变，义无再辱"之句，看来早已下定必死决心。那么这里的"世变"及"再辱"是何所指呢？

王国维是中国传统知识分子，忠君思想根深蒂固。1923年，他被罗振玉引荐，当了清宫南书房行走，给废帝溥仪担任"文学侍从"，还被加恩赏给

五品衔，允准他在紫禁城骑马。出身寒微的王国维对清廷对他的知遇之恩感铭肺腑。1924年冯玉祥发动北京政变，把废帝溥仪赶出北京，王国维当时就想跳进神武门御河"以身殉国"。可见其思想深处早有"殉清"打算。1927年春，北伐军进逼北方，势如破竹，湖南豪绅叶德辉被国民革命军镇压，使得王国维生出兔死狐悲之感。

"义无再辱"显然跟王国维前清遗老观念有关。有人猜测说，王国维自杀是怕自己这个前清遗老落入北伐军手中，蒙受耻辱；王国维视脑后辫子为生命，当时传言北伐军入城后将尽诛留有发辫者，所以与其被辱，莫若自我了断。

王国维自沉年代，正值中国社会处于激烈动荡变革之际。王国维身历动荡岁月，虽潜心学术，但早有"避乱移居之思"。分析王国维自杀心态，梁启超、曹云祥、罗振玉、吴宓等认为他是以此"殉清"。支持此说者更提出：罗振玉在王国维死后代他向溥仪送上一份"遗折"，令溥仪十分感动，发上谕谥忠悫。若非"殉清"何来此厚待？

但也有人认为，王国维自杀与罗振玉逼债有关。当年溥仪在其《我的前半生》中说：内务府大臣绍英委托王国维代售宫内字画，此事被罗振玉知悉，罗以代卖为名将画取走。王国维因无法向绍英交差，愧而觅死。当时报纸还传，王国维曾与罗振玉合作做生意亏本，欠罗振玉巨债。罗振玉在女婿（王长子潜明）死后，罗振玉、王国维已生怨隙，罗令女居己家为夫守节，逼王国维每年供其生活费2000元。

但反对意见认为，王国维每月有400块银元的收入，不至于因债主逼债而走上绝路。何况，罗振玉在王国维死后送了1000块银元为其办丧事，并在半年内出了四集《海宁王忠悫公遗著》。看来，两人没有什么解不开的"疙瘩"。

尽管数十年来对王国维之死众说纷纭，但有一点可以肯定：无论是为清殉节，还是内外交困，或是惊惧而死，都表现了王国维作为一个传统知识分子在社会大变动时代找不到出路，难以自处，无法解脱，愤而弃世的心态。

庄子的生卒年代之谜

庄子是战国时期著名的思想家、文学家，也是先秦道家学派的代表人物。庄子的代表作品《庄子》一书，尤其是浪漫主义文学产生了极大的影响。

这样一位伟大的人物，在古代典籍中有关他生活活动的记载却非常少。研究庄子的学者一般根据《史记·老庄申韩列传》和战国时期某些著作的零星记载，以及《庄子》中散见的片断，大致勾勒出庄子一生的基本轮廓。

司马迁在《史记》中只写了庄子"蒙人也，名周。周尝为蒙漆园吏"。学者们大都认为庄子是战国时期宋国蒙人，也有人认为是梁国蒙人、楚国蒙人。关于庄子的生卒年代，各家说法不一，且很难统一。马叙伦先生认为庄子生活的迄止年代应为公元前369~前286年，享年83岁；吕振羽先生认为是公元前335~前275年，享年60岁；范文澜先生认为是公元前308~前286年，享年22岁；闻一多先生则认为应为公元前375~前295年，享年80岁。在游国恩先生主编的《中国文学史》中则这样写道：庄子（公元前360？~前280？），名周，宋之蒙（今河南商丘县东北）人。按照这一说法，庄子享年为80岁。冯钟芸先生在《中国历代著名文学家评传》中认为庄子生活年代是公元前372~前289年，享年83岁，与孟轲同时而稍晚。上述六种说法前后相差20年，其年龄推断则相差60多岁。那么到底庄子生活在战国时期的哪段时间内呢，如何准确推断庄子的生卒年代呢？上述各家说法很难取舍，只能暂且存疑。

扁鹊身世之谜

扁鹊，姓秦，名越人。扁鹊采用望、闻、问、切"四诊法"，用"针、石、熨"等医疗器械配合治疗，手到病除。他还精通内、妇、儿、五官各科，为我国古代医学的发展作出了巨大的贡献，被后世人尊称为"医学祖师"。

关于扁鹊的医术，自古以来就有着神话般的传说。

传说扁鹊年轻时，是一个客店老板。扁鹊待客热情周到，让客人有宾至如归的感觉。一个仙风道骨的老者长桑君就经常住在他的客店。老人观察了扁鹊十多年，看他聪慧善良，有一颗济世救人之心，就把一本神秘的药书传给他，又赠送他一些奇药。扁鹊服药后，竟可以清楚地用肉眼透视人体内脏器官。他想感谢长桑君，谁知老人早已无影无踪了。扁鹊从此开始了他行医送药的生涯。他诊病准确，对症下药，医术高明，受到赵、齐等国人民的尊重和爱戴。

当扁鹊行医经过晋国时，晋重臣赵简子生病，已昏迷了五天五夜。扁鹊看后，却说赵简子的魂魄在天庭逍遥畅游，与当年秦穆公梦游上天，昏迷七天的症状相似，不出三天就会清醒，醒来说的话要记好。两天半后，赵简子果然醒来，告诉诸大夫：他在天上很快乐。天帝还预测晋将衰微，七世灭亡，秦将强盛……大夫董安于赶紧记录下"天机"，留待验证。赵简子非常感谢扁鹊的料事如神，厚赏了他。

扁鹊经过虢国时，听说虢太子刚刚病故。扁鹊打听所患病症，认为是昏厥，及时救治可活。连忙求见虢君，欲救太子一命。白发人送黑发人的惨事正让虢君肝肠寸断，听说太子有救，仿佛自己又得重生。扁鹊诊视太子病症，正是他分析的情况，针灸、药熨、汤剂配合，二十天后，太子就复原了。扁鹊起死回生的医术在虢国家喻户晓。

扁鹊来到齐国，齐桓侯热情地招待他。扁鹊出于医家本能，观察桓侯面色有隐约病气，就告诉了桓侯。齐桓侯以为他是故意危言耸听，没有理会。以后，扁鹊出于责任心，再去拜访，发现他的病一次次加重，由皮肤向血脉、肠胃发展，扁鹊直言相告，齐桓侯认为扁鹊的动机是谋财骗人，更加反感，不再理他。扁鹊最后一次拜见齐桓侯，看到他已病入膏肓，回头就跑。桓侯派人追问原因，扁鹊回答道：齐桓侯病在骨髓，已无药可医。作为医生不能救他，心中难过，只能远远离开他。五天之后，齐桓侯发病，很快病死。齐桓侯的讳疾忌医思想，导致了他的短命。而扁鹊的精湛医道，也更加令人佩服。

扁鹊一生行医救人，做过太多的善事。但由于医道高明，遭到同行嫉妒，被秦国太医李醯派人暗杀。

扁鹊的精妙医术被千古传颂，可是他的身世却是扑朔迷离，连史学家们也解释不清。

史书有关扁鹊的记载，有矛盾，有漏洞，使后人产生了疑问。《韩非子·喻老》记载扁鹊为蔡桓侯诊病，时间为公元前714年，《战国策·秦策》记载扁鹊为秦武王诊病，时间为公元前310年。前后跨度四百年，扁鹊出生时代令人迷惑。而从《史记》所载，赵简子当政为公元前519年，齐桓侯在位从公元前384年开始。两人相差一百三十年左右，扁鹊是如何奔走于他们之间看病诊断的？难说扁鹊到底是哪个时代的人。再有，《史记》说扁鹊是"渤海郡郑人"，古代渤海郡只有"鄚州"，而从无"郑"地这个名称，扁鹊的出生地又是个谜。

而史学家们各执一词，莫衷一是。东汉应劭认为：《汉书·艺文志》录有《泰始黄帝扁鹊俞拊方》，说明扁鹊是黄帝时代医生。晋代学者坚持扁鹊是春秋中期医生。清代学者考证，扁鹊应为战国时期人物。现代人概括扁鹊为春秋战国时人，大多数学者认为他是战国末期人。

关于扁鹊故里，有人认为应为渤海鄚州，是司马迁把"鄚"写作"郑"的笔误。在今天的河北省任丘县鄚州镇。有人认为还是郑州，即今天的河南郑州一带。还有人分析是齐国卢地，即今天的山东长清县。

扁鹊医术神奇精妙，他的身世也神秘难测，令后人苦苦探寻，不得其解。

东方朔姓什么，身世如何

东方朔，字曼倩，长于言辞，诙谐善辩，能以滑稽调笑供宫廷取乐，被誉为滑稽大师。东汉班固撰《汉书·东方朔传》，记载他为平原厌次人。清《一统志》记载：厌次县自古以来有六次迁徙。西汉平原厌次是现在的什么地方，学术界存有不同的说法。

《汉书·地理志》中平原郡没有厌次这个县名。因此，有人指出东汉始设厌次县，《汉书》记东方朔籍贯有误。但是，《汉书·高惠高后文功臣表》中记有厌次侯爰类，因而也有人说秦时即有厌次。相传秦始皇东游厌气，至碣石，次舍（停留）于此，因名此地为厌次。

△ 东方朔

东汉明帝时，改富平县为厌次县，也属平原郡。东汉厌次县在今山东惠民县东45里，今名大桑落墅。因此，《山东古代文学家评传》、《中华大字典》、《辞海》、《鲁迅全集·汉文学史纲要》注释和《中国历代散文选》在晋代夏侯湛《东方朔画赞》的注释中，都说东方朔的籍贯平原厌次是"今山东惠民县"。因晋及后魏时的厌次在今山东阳信县境，所以旧版《辞源》又说："东方朔故里的厌次县，汉置，明废，故城在今阳信县。"

东汉建安年间，厌次旧地为乐陵郡。西晋时夏侯庄为乐陵郡太守，其子散骑常侍夏侯湛来乐陵郡探亲，游历东方朔祠庙，"睹先生之县邑，见先生之遗像，观先生之祠宇，慨然有怀"，就写了一篇《东方朔画赞》。这篇文章收入梁昭明太子《文选》中。唐开元八年，德州刺史韩思复将这篇赞文刻石建碑，在东方朔故里竖立。唐天宝十二年，颜真卿任平原郡太守，曾游东方朔祠，因见原碑残破湮没，故又亲自书写了夏侯湛《东方朔画赞》，自己又撰写了《碑阴记》，重新克制了石碑，这块石碑尚完好地保存至今。1985年，陵县县政府还专门修筑了颜碑公园，将颜碑竖立于内，供人瞻仰。此碑已列为山东省级文物保护项目，是考察东方朔故里和生平的极好依据。

东方朔原来姓什么，也有不同的说法。根据《史记》、《汉书》记载：东方朔，姓东方，名朔，字曼倩，"少失父母，长养兄嫂"。当时，确有东方这个姓。《风俗通》说：东方氏系"伏羲之后。帝出于震，位主东方，子孙因氏焉"。

但是，东汉王充记载当时传说东方朔原姓金氏。《论衡·道虚篇》说：东方朔是个道人，变易姓名，在朝中为官，外表虽然是个官员，但真正身份却是度世的道人。

还有一种说法：东方朔原姓张氏。《太平广记》引《洞冥记》及《东方朔别传》说："东方朔小名曼倩，父张氏，名夷，字少平，或云平。母田氏。……朔生三日而田氏死，时为汉景帝三年也。邻母拾朔养之，时东方始明，因以姓焉。"这是说，东方朔少失父母，邻居拾养他时，因东方始明，因而改姓东方。《洞冥记》、《东方朔别传》系小说，班固著《汉书》时，即有许多东方朔的记载和传说，班固都没有选用。班固曾说："后世好事者，因取奇言怪语附着之朔。"唐人颜师古注《汉书》时也说："如《东方朔别传》及俗用五行时日之书，皆非实事也。"这里所说的是有关神异事迹都不是实事。不过，所写的"三日丧母"，与《汉书》所记的"少失父母"是相符合的，不能简单地否定，应作为一种说法存疑。

"医圣"张仲景身世之谜

张仲景（148～219）的生卒年的问题一直是历代医史家争论的焦点，这里权采一说。他是东汉时期著名的医学家，他目睹当时疾疫广为流行、死亡惨重的情状，激发了他"感往昔之沦丧，伤横夭之莫救"的心情，产生了著书立说、救人济世的伟大志愿，创造性地写成《伤寒杂病论》一书，该书被后人称为"活人之书"、"众方之祖"，直到现在，日本、中国台湾生产的中成药，大多数来自仲景所创之方。其本人被历代医家尊为"医圣"。

△ 张仲景

仲景名机，南阳郡涅阳（今河南省南阳市）人。其生平事迹，在范晔《后汉书》、陈寿《三国志》均无卷传，也未见于郭玉、华佗等传中，除了在他的《伤寒论》序中我们能够了解到张氏家族为一望族，人丁兴旺，但"建安纪年（196）以来，犹未十年，其死亡者，三分有二，伤寒十居其七"。于是感愤而发，立志医道，"乃勤求古训，博采众方"参照了当时所见之医著，如《素问》、《九卷》、《八十一难》、《阴阳大论》、《胎胪药录》等，结合临症经验，写就了《伤寒杂病论》合16卷，并在序末自题"汉长沙太守南阳张机仲景"之外，在当时的文献中没有留下任何记录。

《何颙别传》（已亡逸，见《太平御览》）称"同郡张仲景总角造颙，谓曰：君用思精，而韵不高，后将为良医，卒如其言"。同书及晋代皇甫谧的《针灸甲乙经》自序又记有"机预言王仲宣二十年后眉落身死"后来果然应验的故事。另外在葛洪的《抱朴子内篇》、王叔和的《脉经》等书中也略有提及，及至唐初所撰的《隋书·经籍志》注引《名医录》才有一些姓名事迹。

唐代甘伯宗《名医录》，对仲景的介绍虽然详细了一些，如"张仲景，南阳人，名机，仲景乃其字也，举孝廉，官至长沙太守，始受术于同郡伯祖，时人言识用精微过其师"。但也不能窥见仲景生平之大概。

清人陆懋修着《世补斋医书》，其中《补后汉书·张机传》，方使仲景事迹趋于完整，但也是根据以上材料而来，并无实质性进展。所有有关张仲景的传记资料，大抵是这样叙述的"晋以后多据皇甫谧，唐以后多据甘伯宗，而近人都据陆懋修"，附会因袭，难成方圆。

1934年，西安名医黄竹斋先生在桂林名医罗哲初处，抄得罗氏珍藏的其师左盛德于1894年传授与他的白云阁藏本《伤寒杂病论》，左氏在序中披露该本来自隐居在广西云开大山的张仲景第四十六世孙张绍祖，左序云："吾师（张绍祖）讳学正，自言为仲氏四十六世孙，自晋以后迁徙不一，其高祖复初公，自岭南复迁原籍，寄居光州，遂聚族焉。"自此，有关仲景家世又多出一条资料。

虽经历代学者不断考证，仲景身世至今仍是迷雾重重，众说纷纭。当代许多学者，如钱超尘、兰承祚、洪贯之、郑建明等人在仲景生卒年等问题上也都曾做过深入的考证，但是有关仲景身世的谜团只有留待地下材料的发掘和后人的努力了。

蔡文姬是曹操的红颜知己吗

吴三桂"冲冠一怒为红颜"的悲烈之爱，唐明皇与杨贵妃凄婉的忘年之恋，都使我们很感动。然而，单纯的爱情往往是浅薄的爱。相反，有一种爱，却因它的博大、宽容，丰富的内涵，包容了太多的相思与无奈，诉尽了爱情的真谛，结果反倒赢得了人们更多的关注，曹操与蔡文姬的暧昧情事就属于这种爱情。

曹操与蔡文姬之间发生的一切，究竟是源于情，还是关乎义，他们的故事究竟是痴男怨女的悲歌，还是红颜相知的绝唱，无人知晓，而人人又急于知晓。

关于蔡文姬，史书称其博学多才艺，出身名门，端庄贤淑，娴静有礼，乃世间不可多得的奇女子。其父蔡邕，东汉文学家、音乐家和书法家，博学多才，喜好辞章、天文、数术，精通音律，且一生清白，颇有名节。生长在这样家庭的文姬，耳闻目濡，聪慧早熟，几乎承袭了所有家学，民间流传的"听音辨弦"的故事就是表现其才华的典例。然而，自古红颜多薄命，俊美才绝的蔡文姬，其一生的命运却是悲凉的，在她充满传奇的一生中，几乎浓缩了世间所有的哀痛。颠沛流离的流浪生涯，没入匈奴的耻辱经历，三易夫君的情殇，骨肉分离的悲痛，给文姬肉体与精神带来了痛彻心扉的伤害。然而，她没有屈服，没有垮掉，而是义无反顾地同命运相抗争，结果这份悲情、这份阅历却成了她的终身财富，成了她坚强意志的历史见证。

而曹操与蔡文姬的结识，却史无明文，有学者认为大概与曹操和蔡邕的"管鲍之交"有关。曹操与蔡文姬相差约二十岁，估计由于曹操在三十多岁的时候经常出入蔡府，也许是曹操充满霸气及浪漫多情的气质吸引了蔡文姬，抑或文姬的漂亮聪慧打动了曹操，总之秉承父亲所有才艺天赋，出落得亭亭玉立的少女文姬成了曹操再也挥之不去的回忆。而真正关于他们两人暧昧关系的说辞，则更多的是来源于文姬归汉之后。人们百思不解的是曹操为何重金赎回文姬？一个是伟岸绝伦的俊儿郎，一个是才华绝世的妙龄女，唯一的解释只能是曹操对蔡文姬有着一种莫名的渴求，但如果说曹操是喜欢文姬的，那他为何又将文姬嫁于他人，而不是罗致身边呢？这种前后矛盾的解释，使人们更加困惑了，难道说这仅是一种纯粹的精神爱恋吗？或者说他们只是一对红颜知己而已。这种种的推测、猜想由于没有直接的证据来说明，因此也只能流于推测与猜想了。

横槊赋诗，登高必赋的曹操或许难以忘记蔡邕对他的点拨与指教，甚至是难以忘怀蔡府那位多才多艺的邻家小妹文姬。或许曹操要为自己的英雄大业找一个能够解读的知音；或许曹操是要寻找当年那份美好的回忆与情丝；或许曹操只是想给当年的邻家小妹一份安心舒适的生活、一份安全感；抑或为了告慰九泉之下的好友蔡邕，使之"续写汉书"的遗愿有人承继。可能还有太多的理由，缘于这些也许便有了文姬归汉，便有了曹操与蔡文姬之间剪不断、理还乱的暧昧故事，并且不断地演绎着……

没有确凿的证据，没有充分的理由，只有太多的或许，有了这一切，蔡文姬是否是曹操的红颜知己似乎已不重要，重要的是他们拥有一段纠缠不清的故事，能够耐人寻味，这便足矣。至于事实的真相就让史海中泛起的沉渣去诉说吧。而渴盼尘埃落定的心情，恐怕只能在考古工作者的努力下才能满足了。

黄道婆身世之谜

　　黄道婆（又称黄婆）是我国元代的女纺织家。她一生钻研纺织技术，大力改革纺织工具，促进了松江地区纺织业的发展，时有"松郡棉布，衣被天下"之谚。作为一个技术革新家，她所作出的贡献一直被世人所称颂。

　　由于黄道婆出身卑贱，是个普通百姓，有关她的史料凤毛麟角。再加上年代久远，所以关于她的籍贯、身世、业绩，都没有一个完整可信的说法，仅有一些传说的故事流传在民间，且又说法不一，给后世研究者留下了难题。

　　关于她的身世有如下两种说法：

　　一说是上海乌泥泾人。

　　传说黄道婆生于上海乌泥泾，自小给一个顾姓人家当童养媳，受尽了婆母的虐待，虽然聪明、勤劳、善良，但仍过着痛苦的生活。十六岁时与女伴阿明偷偷去龙华镇赶庙会，第一次见到一种细密柔软的棉布，爱不释手，并萌生了学习这种纺织技术的想法。后来得知，此种棉布即是"黎锦"，是从海南岛崖州地方贩运来的。于是，黄道婆便决心逃出顾家，去海南岛学艺。当时正值元朝初年，元朝统治者实行民族压迫和民族歧视政策，黄道婆的家乡属于原南宋境内，百姓们被称为"南人"，地位最低，受迫害最重。试想，黄道婆作为一个柔弱少女，想漂洋过海到海南岛去，谈何容易。但黄道婆决心逃离虎口，与阿明相约离家出走，恰在此时，乌泥泾停泊着一艘海船，她和阿明便摸黑溜进了这艘船。途中受尽了种种折磨，阿明不幸死去，黄道婆死里逃生，辗转来到了海南岛。一个江浙地区的汉族姑娘，只身闯入少数民族聚居的荒凉之地，语言不通，习俗不同，种种困难可想而知。但黄道婆的初衷不改，几经周折，终于找到了崖州，拜黎族姐妹为师，经过三十多年的苦心学习，成为一位纺织能手，她能一手挈三锭，错纱提花，日产匹布。此时，黄道婆已年近半百，她要把这精湛的纺织技术带到家乡去，让江浙一带的纺织业兴旺发达起来，于是她告别了黎族的朋友们，重新又回到乌泥泾。她的手艺传遍江南，妇女们都争相向她学艺。很快，质地优良、花色繁多的"松江布"制造出来了，一时闻名遐迩，供不应求。

她的事迹令人感动，家乡人为她立祠在张家湾，不幸被毁。明代山东布政使又在宁国寺西重建一祠，称"先棉祠"。

《新编中国史话》与《黎族简史》的说法与上述传说稍有不同。前者说黄道婆是不堪忍受婆母虐待和官府逼迫，偷偷跑到浦东一所道院里，后来随海南岛云游来道院的师姨去了崖州。后者说她在崖州生活了四十年，其间创造出一套先进的棉纺工具和技术，对我国棉纺织技术的发展作出了很大贡献。但两书的作者都肯定了黄道婆是乌泥泾人。

一说是海南岛人。

说是海南岛的姑娘黄道婆与一个叫得曼的男青年私下相好，两人海誓山盟，决心白头偕老。不料当地族人的头领认为他俩是血缘结亲，违反规训，应予惩治，于是黄道婆被逼离家，被禁在深山洞穴里。

她的心上人得曼悲伤不已，全力相救无法得手，只好偷偷往洞里送食物相助。二十年过去了，头领死了，黄道婆才得以重见天日。这时她已近四十，两鬓斑白。爱情的打击，并没有使她失去生活的勇气。从此她出家为道，借云游海外的机会，到印度、南泽等地，学到了许多播种木棉、纺织、染色技术。后来，又随海船来到上海。其时正值元朝江南木棉提举司催征"贡布"，织户昼夜赶织仍难以完成，怨声载道。于是，黄道婆落脚乌泥泾，教人们用新法纺织，产量迅速提高。她的名声妇孺皆知。死后，其墓筑于钱粮庙西侧，香火不断。清同治《上海县志》载有元朝惠州知府王逢的诗歌赞颂她。但这个说法颇似民间故事，无从考证。

黄道婆一生致力于纺织技术的革新，为家乡人民造福，理当受到后世的尊敬。研究黄道婆的身世，给她的人生、她的业绩一个完整准确的诠释是很有意义的，但愿研究者能有更深入的成果问世。

蒲松龄血统之谜

随着人们对《聊斋志异》及其作者蒲松龄研究的深入，学术界开始对蒲松龄的血统问题产生了争议。有人说他是汉族，有人说他是蒙古族，有人说他是色目人，有人说他是回族人，还有人说他是女真人，一时间难辨各说真伪。而参考各种典籍文献，至今也难以确定蒲松龄的血统到底为何。

有说法认为蒲松龄是蒙古族人。《蒙古族简史》就肯定地说："蒙古族文学家蒲松龄，把采自民间的事编写成《聊斋志异》，借以反映社会现实，内容生动有趣。"持此看法的人又将蒲松龄自己做的《族谱序》作为此说的重要证据。在这篇序中，蒲松龄说："按照明初移民之说，不载于史，而乡中则迁自枣、冀者，盖十室有八九焉。独吾族为般阳土著。祖墓在邑西招村之北，内有谕葬二：一讳鲁浑，一讳居仁，并为元总管。盖元代受职不引桑梓嫌也。然历年久远，不可稽也。相传倾覆之余，止遗藐孤。吾族之兴也，自洪武始也。"从"般阳土著"、"鲁浑"、"元总管"等字眼中可以看出，蒲松龄的远祖鲁浑应是元代般阳路总管，不像汉人。在路大荒的《蒲柳泉先生年谱》中也说，相传元朝即将灭亡的时候，蒲氏曾经将遗孤改换名姓寄养在杨氏处，后来到了明朝洪武年间才改回自己的蒲姓。还说，他曾访问过许多姓蒲的人，都有他们是蒙古族的传说。

一说蒲松龄是回族人或回族人的后裔。

有人考证历史，发现宋代时前来中国的阿拉伯人和波斯人的名字前面大多冠有"蒲"字。他们都信仰伊斯兰教，其中的一些人即以"蒲"为姓。而"蒲"是阿拉伯语的汉译，是"尊者"、"父亲"的意思。到了元代，回族人中一些人仍然使用阿拉伯名，但是逐渐改用了汉名汉姓。他们根据这个来推断，认为蒲松龄的远祖蒲鲁浑、蒲居仁都是取其父名中的第一个字"蒲"

△ 蒲松龄画像

为姓，而"蒲居仁"则为汉人的名姓，"居仁"正取自于《孟子》的"居仁由义"。《八闽通志》一书中还记载说，蒲居仁曾经任主盐酒铁醋专卖及管理市舶司的都转运盐使，当时担任此职务的人大多都是回族人。这无疑也为蒲松龄是回族人这一说法提供了旁证。此外，根据《蒲氏族谱》的记载，有"世秉亲真教，天下蒲皆一脉"的说法。所以，蒲姓者无疑是回族的后裔。

对蒲松龄是回族人的说法，后人却提出了质疑。人们分析了《聊斋志异》，发现在这部作品中，蒲松龄毫无顾忌地提及了佛教、道教及俗话中传说中的城隍、判官、阎王等，由此就可以判断蒲松龄绝不是回族人。回族与伊斯兰教是同一种教，其教徒只信仰真主，对于多神教的诸神是绝口不提的。另外，在《聊斋志异》中，蒲松龄说自己出生时，他的父亲曾经梦到一个佛教僧人托梦，并自称他的一生经历与僧人相似。可见，蒲松龄全家尊信的是佛教而不是回教，因此蒲松龄也就不可能是回族人。还有人亲自前往山东淄博采访了蒲松龄的同族人，从没有人说过蒲松龄是回族人。

还有说法认为蒲松龄是色目人。日本学者前夜直彬在《（聊斋志异）研究在日本》一文中，根据有关资料推断说，"蒲松龄的远祖为元朝的般阳路总管，明初改姓隐身"，因而他断定，蒲松龄大概是色目人。此外根据元代的官制，担任路的总管的人大部分都是色目人，也有回族人和女真族人，从这一点也可以推测蒲鲁浑不是蒙古族人，而可能是色目人。

而有人在仔细研究了《金史》后发现，有的女真人的名字就是"蒲鲁浑"，而并不是姓"蒲"名"鲁浑"，也不是姓"蒲鲁浑"。也就是说，

"蒲鲁浑"是金女真族习用的名字。根据这一点他们认为，蒲松龄可能是金女真族人。

蒲松龄纪念馆的工作人员则认为蒲松龄是汉族。

这些工作人员仔细分析了《蒲氏世谱》第一篇《族谱序》，认为应该明确认定的是，蒲的祖先是"般阳土著"。般阳，是指汉朝时的般阳县，明洪武元年改州日淄川，今天则属山东淄博市。既然史料说蒲鲁浑、蒲居仁也是当地人，且是当地的"土著"，那么他们就不会是蒙古族人，也不是什么色目人、回族人、金女真族人。蒲松龄写此《族谱序》时是康熙二十七年，修族谱也在这年，当时蒲松龄是49岁。因而可以判断这部族谱是可信的。而那部福建的《蒲氏族谱》则并不可信，其所宣称的"世秉清真教，天下蒲皆一脉"，也没有理论根据，有些牵强附会，因此不足为信。

由于相关的资料太少，所以还不足以证明蒲松龄确实是汉族血统。人们期待着更多的史料的发现，以早日解开这个谜。

《资治通鉴》中记史时间的疑问

　　一般史书记史，或肇于某个朝代，或始于某个帝王，而作为通史的《资治通鉴》则异乎寻常，从公元前403年始记。这是为什么呢？

　　公元前453年，韩康子、赵襄子、魏桓子联手消灭了当时执掌晋国的知伯的势力，掌握了晋国的实权，但名分上还是"卿"，是周朝的"陪臣"，而不是诸侯。按时俗，要成为诸侯国，必须得到周天子的任命。当时的周天子已形同虚设了，于是在公元前403年，三家派代表向周天子讨封，周天子做顺水人情，封赵籍为赵侯，魏斯为魏侯，韩虔为韩侯。至此，韩、赵、魏正式成为三个独立的诸侯国，晋国随之消失，这就是历史上著名的"三家分晋"。

　　司马光奉英宗之旨编撰历史，旨在"鉴前世之兴衰，考当今之得失"，给封建社会的君主提供了可资借鉴的史实，从公元前403年开始编年记史，自有他的道理。

　　抑或因为此前的史料严重缺乏，抑或是因为此前的史料虽有，但司马光不以之为"信史"。但更重要的是司马光认为"天子之职，莫大于礼，礼莫大于分，分莫大于名。何谓礼？纪纲是也；何谓分？君臣是也；何谓名，公侯卿大夫是也"。名分是最最重要的。而"三家分晋"的事件是"三卿窃君之权，暴灭其君、剖分其国"，是"王法所必诛"，而"威烈王不唯不能诛之，又命为之诸侯，是崇奖奸名犯分之臣也"，"周虽未灭，王制尽矣"，为了"谨名分"，故记史肇始于公元前403年的"三家分晋"，以警帝王。

　　再者，司马光是为了给封建君主提供借鉴的，当然要选择相似的社会格局中的史实。而随着"分封土地，建立诸侯"制度的瓦解，随着"初税亩"的出现，社会性质发生了根本性的变化，到"三家分晋"时，中国封建社会的格局已经形成，与北宋社会比较相似。所以，他就从此记史以为封建帝王的借鉴。

隶书起源于何时

没有哪一个古代文明如我们中华文明这样延续了数千年，这完全因为我们那可爱的方块字。我们现在用的依旧是两千多年前的文字。

隶书是我国自有文书以来的第二大书体，直贯秦、汉、魏、晋六朝，代篆书而盛行于世。唐以后虽然楷书占据统治地位，但隶书仍然流行，它是篆书的变体。楷书的前身，上继周秦，下开魏晋，是我国文字形体和书法演变的重要标志。但隶书究竟起源于何时，所云众多，说法不一。

据东汉许慎《说文解字·叙》云："秦烧灭经书，涤除旧典，大发隶卒兴役戌，官狱职务繁，初有隶书，以趣约易，而古文由此绝矣。"

据西晋卫恒《四体书势》云："秦既用篆，奏事繁多，篆事难成，即令隶人（指胥吏）佐书，曰隶字。"又云："隶书者，篆之捷也。"

《唐六典》云："五曰隶书，典籍、表奏、公私文疏所用。"

隶书相传是秦代书家程邈所作。程邈，字元岑，秦代下杜人，初为县之狱吏，他对文字很有研究，后因得罪了秦始皇，被囚在云阳（今陕西省淳化西北）狱中十年。他感到当时官狱公牍繁多，篆书结构复杂，书写不便，因此就动脑筋把它改革，在原来大小篆的基础上加以整理，削繁就简，变圆为方，拟定了一批日常应用的标准隶书，成隶书三千字奏之。秦始皇看后很欣赏，不但赦免了他的罪行，而且还起用为御史，并以其所造的隶书发交官狱应用佐书，故曰"隶书"，所以世称程邈为"隶书之祖"。

但据《水经·谷水注》所记，隶书早在始皇前四百年齐太公六世孙胡公棺上就已经发现了。虽然此说在时间上也有可疑之处，但至少可以证明隶书是古代广大劳动人民在日常应用中日积月累创造出来的。从近十多年来不断出土的简、牍来看，上述的论断并不完全正确。

1980年，四川省青川县发掘了一处战国时期的土坑墓葬群，在出土文物中，发现了两件木牍。其中一件木牍，有三行墨书文字，字迹尚清晰可辨。据考证，书写时间为战国时秦武王二年（公元前309），比秦始皇统一中国（公元前221）早八十八年。这件木牍上的书体，与以前及当时钟鼎上所铸金文相比较，有许多差别。其特点是：减少盘屈，化繁为简，圆者渐方。字形从狭长渐变而为正方或扁形，有的字并有"蚕头燕尾"和波势的雏形。如九、四、鲜、津、则、月、目、尺、可等字，就体现了上述特点。这种书体，虽然基本上仍是篆书结构，但含有较多的隶书笔意，且笔画带草。

1975年，湖北省云梦县出土的秦始皇时期竹简上的"秦隶"（又叫"古隶"）字体与四川青川木牍上的字迹大体近似。因此有人推测为：隶书源于先秦战国时期，由大篆发展演变而成。至秦代，在变大篆为小篆的同时，对战国时初创的隶书进一步整理后才发展成为"秦隶"。

有的专家则认为隶书的起源不能归于某一人所创制，程递造隶书的说法是极不正确的。隶书的出现，无疑是经历了一个历史发展的过程，是古代先民长期的群众性书写实践的结果。文字是社会实践的工具，更是社会实践的产物。隶书的出现，绝不是某一个人闭门造车的结果，也绝不是在一朝一夕之间突然发生的。若把殷墟甲骨文直至小篆都归于篆书系统，则可以说殷、周直至秦代，都是篆书的时代，而隶书则是汉代流行的标准字体。而隶书的开始出现，却可以追溯到很远，早在篆书时代出现的草篆，作为篆书的一种便于书写的简化字体，已经孕育了隶书的萌芽。

隶书艺术在雄厚的基础之上，经历了前后无数学书者的苦心钻研，在我国书法艺术史上有着继往开来的重要地位和作用。正是由于这个原因，对于隶书起源的争议更引起了众多人的兴趣和关注，揭开隶书起源之谜对繁荣和发展中国书法艺术将起到有益的作用。

小篆的形成之谜

我们今天使用的汉字已有三千多年的历史，其间经历了一个漫长的字体演化过程。从商代的甲骨文、钟鼎文开始，先后有篆、隶、草、行等不同书写字体相继出现，其中篆书又有大篆与小篆之分。小篆的产生具有特殊的意义，它标志着汉字从古文字向现代文字的转变。但是，对于小篆形成的时代和它的创始人，在学术界一直有争论。

千百年来流行甚广，为大多数人所接受、坚持和传播的观点是：小篆始于秦统一之后，且

△ 小篆

系李斯等人所创。他们认为，秦始皇经过十年征战，相继攻灭韩、赵、魏、楚、燕、齐等东方六国，于公元前221年建立起我国历史上第一个统一的多民族的封建国家之后，为了巩固新兴的政权，不仅在政治、经济、军事方面采取了一系列措施，而且在思想文化等方面也实行了一系列改革，统一文字就是其中之一。当时，"言语异声、文字异形"，相同之字，写法各异，这对于政策法令的推行和文化的传播，颇有不便。于是始皇乃令丞相李斯负责，以秦原有文字为基础，形成统一文字，"小篆"便由此应运而生。

但是，另有些学者在不断深入研究我国文字的过程中，发现小篆为秦统

一后文字之说根据不足，难以服人，故提出异议。认为小篆应为秦统一前之秦国文字。其缘由为：文字是我国人民在长期的劳动生活实践中逐渐孕育、选练和发展而成，绝非少数人短期内的一手一足之功。在只有十五年历史的秦代，仅靠秦始皇一道圣旨，李斯等几人就能创造出一套小篆并通行于天下，恐怕无异于仓颉创造文字一类的传说而已。况且，小篆为秦代文字之说无史可证。秦、汉的《史记》关于秦统一文字的记载仅"书同文字"、"厨道废，秦拨去古文"两句，并未道明秦创小篆，更无李斯造小篆之意。对李斯一生逸闻琐事均有详备记载的《史记·李斯传》，关于李斯作小篆之事也只字未提。因此可以肯定，小篆形成于秦统一之前，始皇不过将其规定为通行全国的统一文字而已，并非新创。

然而，小篆究竟形成于秦统一前的何时？说法又不尽一致。一种意见只是否定了秦代李斯作小篆，至于小篆具体成于何时，却言之不明。另一种意见则依据对战国时期秦国文物所载铭文和时人书法字体的考察，在否定小篆为秦统一后李斯所创的基础上，进而提出小篆为战国文字之说。

各派之说，孰是孰非？观其所论，前者似乎根据不足，但也未必子虚乌有；后者显得有理有据，言达意通，但也未必就是定论。

楷书产生于何时

书法从小篆转向隶书，这是第一次重大的决定性变革，隶书产生、发展、成熟的过程就孕育着真书。

楷书，又称真书、正书，因字体端正规范，堪称楷模，故得此名。提起它，人们很自然地会想到唐代欧阳询书写的《九成宫礼泉铭》，柳公权的《玄秘塔》和颜真卿的《颜勤礼碑》，以为这些就是中国最古老的楷书。其实不然。那么，楷书最初产生于何时呢？

一些人认为可以上推至汉初，甚至有人提出秦始皇时代。"汉初

△ 颜真卿《颜勤礼碑》

建初（公元76～83），有王次仲者，始以隶字作楷法。所谓楷法者今之正书是也。人即便之，世遂行焉。而或者乃谓秦羽人（羽人一说为职官名，掌征集羽融作旌旗车饰之用，又一说是道士的另称）。王次仲作此书献始皇以赴急疾之用。"

不过也有不少学者认为楷书始于东汉，也有的说是三国时期的魏时。书法从小篆转向隶书，这是第一次重大的决定性变革，从此汉字由圆变方，一直至今都沿袭了这种方块的基本形态。隶书产生、发展、成熟的过程就孕育着真书。真书、行书、草书这三种汉字书法的重要书体的定型是在魏晋二百

△ 《张玄墓志》

年间魏甘露元年《譬喻经》墨迹、西晋元康六年写的《诸佛要集经》墨为等。此时至行草三体具备。"当时造就了两个承前启后、巍然卓立的大书法写家——钟繇、王羲之。他们揭开了中国书法发展史的新一页，初立了真书、行书、草书美的典范。钟繇在这种崭新书体（楷体）的完善、推广上起了很大的作用。按照这种说法，楷书经钟繇的完善并推广得到了大发展，那么，其先声当然还得在此以前了。

循着今存的一些历代碑帖墓志上的书法窥察，我们可以在隋朝《龙藏寺碑》中看见唐代《九成宫》的先声。而隋则是融合北（朝）碑南（朝）帖的时代。北碑中的《张玄墓志》、《张猛龙碑》、《龙门二十品》等，都是采用规范的楷体书写的。而北朝的书法，又可以在汉碑中发现其痕迹。如《经石峪大字》、《郑文公碑》、《刁惠公志》，则出于汉《乙瑛碑》；《贾使君碑》、《魏灵藏》各碑，则出于汉《孔羡碑》。

那么，楷书之根究竟在何处呢？还有待人们进一步去探索、破解。

郑板桥"难得糊涂"之寓意

"聪明难，糊涂难，由聪明而转入糊涂更难。放一着，退一步，当下心安，非图后来福报也。"

作为清朝扬州"八怪"之首，郑板桥在书画界是颇有名气的。他为人刚直不阿，见义勇为，自己宁愿受贫困折磨，也绝不肯向权贵折腰。他的行为可以说是达到了孟子说的做人标准：富贵不能淫，贫贱不能移，威武不能屈。因为品格高尚，为世人钦仰，因而人们也很青睐他那别具一格的字和画。

郑板桥一生绘了很多画，也写了不少字，他的那些绘画和书法，在他生前已是洛阳纸贵，有很高的欣赏价值。尤其是他所写的"难得糊涂"更是广为流传。那么，他所书写的名句"难得糊涂"究竟是什么意思呢？有以下几种猜测。

一、自我嘲解说。这句话是在1751年，郑板桥59岁时写的。这年9月19日，郑板桥在潍县"衙斋无事，四壁空空，周围寂寂，仿佛方外"，心中不觉怅然。他想，一生碌碌，半世萧萧，人生难道就是如此吗？争名夺利，傲胜好强，到头来又如何呢？看来人还是糊涂一些好，万事都作糊涂观，无所谓失，无所谓得，心灵大约也就宁静了。于是他挥毫写了四个大字"难得糊涂"。

二、抗议之声说。1754年秋，郑板桥由山东范县调任潍县知县，上任之日，正好遇到百年未有的旱灾，田地裂缝，河水断流，庄稼枯黄。而皇帝派的钦差姚耀宗不问放赈，反而向知县索取书画，还送来一百两纹银，郑板桥就以一幅鬼图讽刺。姚大怒撕画泄愤，并指使财主屯粮，使百姓饿死，以此增加郑板桥罪过。郑板桥眼见百姓惨状而心力不支，非常烦闷。妻子劝他说："既然皇上不问，钦差不理，你就装糊涂嘛！"郑板桥发怒说："装糊涂，我郑板桥装不起来。你可晓得，聪明难，糊涂难，由聪明变糊涂更难，难得糊涂。"由此反而有所启发，就以"拯救万民，在所不惜"激励自己，宣布立即开官仓赈济饥民。郑板桥所说的这句话，后来即成为"难得糊涂"的自注："聪明难，糊涂难，由聪明而转入糊涂更难，放一着，退一步，当下心安，非图后来福报也。"根据郑板桥这种性格和心理结构，出淤泥而不染的高雅品格，要他违背自己的理念和道德行为，显然对他是一种痛苦和折磨。

三、心安理平说。郑板桥在署潍县知县期间，接到堂弟郑墨的家信为了祖传房屋一段墙基，与邻居诉讼，要他函告兴化知县相托，以便赢得这场官司。郑板桥看完家信后，立即赋诗回书："千里捎书为一墙，让他几尺又何妨？万里长城今犹在，不见当年秦始皇！"稍后，他又写下"难得糊涂"、"吃亏是福"两幅大字。并在"难得糊涂"大字下加注："聪明难，糊涂难，由聪明转入糊涂更难，放一着，退一步，当下心安，非图后来福报也。"在"吃亏是福"大字下加注："满者损之机，亏音盈之渐，损于己则盈于彼，各得心情之半。而得我心安即平，且安福即在是矣。"

四、自我清醒说。郑板桥从不糊涂，他所以感叹"难得糊涂"，自有其苦衷在焉。郑板桥是个极清醒的人。惟其清醒、正派、刚直不阿，面对谗言无能为力之时，才会有"难得糊涂"的感叹。"难"在何处？"难"在他毕竟清醒明白，心如明镜，无法对恶势力充耳不闻、视而不见；"难"在他"一枝一叶总关情"，对百姓的疾苦不能无动于衷。"只有假装糊涂，然则终究不能无观现实，遂有痛苦于内，'淡然'于外，而生'难得糊涂'之叹了。"

郑板桥以"难得糊涂"出名，他所说的"难得糊涂"，却有不同解释，有望文生义的，有作词语解译的，也有就其深厚的内涵进行探讨的，诸说不一。那么它该作何种解释更为确切、可以共识呢？后人难得知人的心态和处事的复杂环境，要想做出正确的解释，还是很难的。还是每个人各自理解为妙！

《尚书》的真伪之谜

　　《尚书》是我国最古老的一部历史文献之一，它保存了许多殷周时代的原始材料，具有很高的史料价值。但是，由于《尚书》的版本和内容经历过曲折离奇的变化，所以围绕着《尚书》，产生了种种的疑问和争端。两千年来，数以百计的学者，参加了《尚书》问题的辩论。

　　引起争论的一个重要问题，是汉代《尚书》的今古文版本问题。

　　《尚书》的成书是在先秦，最早的本子应该是用古文字写的。然而，这种古文字本《尚书》，由于秦代的统一文字、焚烧诗书以及秦末的战火而亡逸了。西汉初年，曾在秦始皇时担任过博士的伏生传出一个《尚书》残本，先是流传于齐鲁民间，文帝时由晁错笔录，带回朝廷。这个本子是用当时通行的隶书来写的，故而被称为今文《尚书》。不久，鲁恭王刘余在孔子故宅中又发现了另一个《尚书》残本，由孔安国加以整理，献给了朝廷。这个本子，据说是用古文字写的，所以被称为古文《尚书》。今文《尚书》，古文《尚书》，究竟哪一个本子是先秦的真本呢？复杂的争端就此开始了。

　　西汉时，相信今文《尚书》的人在学术界占有绝对优势，官方的博士都是今文派，古文《尚书》只在民间流传，没有立于官学。到西汉末，刘向、刘歆父子因为看到了中秘书里的古文本子，遂竭力提倡，要求把古文《尚书》也立于官学。整个西汉一代，相信古文《尚书》的人始终是少数。

　　东汉时，形势逐渐发生了逆转，虽然官方只承认今文《尚书》，但是在学术界，经过杜林、贸超、马融、郑玄等经学大师的倡导，古文《尚书》日趋风行，今文《尚书》却显得暗淡无光了。到汉末魏初，古文派郑玄的《尚书注》，不仅立于官学，而且风靡一时，伏生所传的经文《尚书》，则由于失势而流传日少，到西晋永嘉之乱以后，就彻底失传了。

不久，社会上又出现了一部标榜为孔安国真本的伪古文《尚书》。这部伪书，不仅在短期内取得了和郑注《尚书》并行的地位，而且越来越得势，排挤了郑注《尚书》。渐渐地东汉以来的古文《尚书》也失传了。

尽管今、古文《尚书》本子相继失传，但争论却并未结束。宋、元、明、清的学者在辨析伪古文《尚书》的时候，都力求把《尚书》的版本还原成马融、郑玄等人所注的本子，即东汉流传的古文《尚书》，他们相信那就是孔安国所传的《尚书》真本。

但是从清中叶起，又出现了另一种意见，不少学者对汉代的古文《尚书》表示了怀疑。认为无论是孔安国的《尚书》，还是伏生的《尚书》，未读之前都是古文，已读之后都是今文，这就好像翻译外国书，原本是一个，只是译者不同而已。因此，汉代不存在什么古文《尚书》的问题。魏源则否认东汉古文《尚书》的可靠性，认为这个本子并非西汉孔安国所献的那一种。康有为的《新学伪经考》干脆连孔安国献古文《尚书》的事也加以否定，认为这是刘歆编造的谎言，而所谓古文《尚书》，乃是刘歆一手伪造出来的，只有伏生所传的经文《尚书》，才是唯一可靠的《尚书》真本。

西汉究竟有没有孔安国献古文《尚书》的事？如果有，那么孔安国所献的古文《尚书》和伏生所传的经文《尚书》，哪一种是先秦的真本？东汉流传的古文《尚书》，是否就是孔安国献的那个本子？这一系列的问题，由于汉代今古文《尚书》的失传，都成了千古不解之谜。

我们今天看到的《尚书》，是南朝梁代以后流行的一部伪书。那么，这部伪书的制造者是谁呢？开始人们相信是献书的梅颐，后来梅颐在《尚书考异序》中，认为是皇甫谧。丁在《尚书余论》中，认为是王肃、程廷祚的《晚书订疑》，则彻底否定了梅颐献书之说，他认为即使真有梅颐献书之事，所献也并非此书，此书的出现不在东晋初，而在刘宋元嘉年间。这个问题，直到今天也没能够解决。

总之。今天所见的《尚书》学术界虽然取得了一致的意见，但其中哪些是先秦的原始文献，哪些是后人伪作，见解仍有分歧。而该书的作伪者是谁，更是众说纷纭，难有定论。

《孟子》的作者之谜

　　《孟子》七篇是儒家经典之一，在今天仍作为一部在中国思想文化史上占有重要地位的著作而为人们所熟知。但如同许多先秦古籍一样，《孟子》一书确切的作者是谁，至今仍是个有争论的问题。由于《孟子》同《论语》一样是用问答式的文体写成的，因此该书是成于孟轲本人之手还是成于其弟子门人之手？如出于弟子门人之手，又是哪些人完成的。这些都成了争论的对象，对这个问题的不同看法，历史上早就出现了。

　　第一种看法认为《孟子》是孟轲自己著的。认为《论语》是诸弟子记诸善言而编成集，故曰《论语》，而不号《孔子》。

△ 孟子画像

《孟子》是孟轲自作之书，如《荀子》，故谓之《孟子》。认为孟子自知处在当时的世道无法实现自己的抱负，只好"垂宪言以召后人"，"于是退而论集所与高第弟子公孙丑、万章之徒难疑答问，又自撰其法度之言，著书七篇。"后人又有从其他角度来论证此说的。宋代朱熹强调《孟子》较之《论语》所表现出的文章风格上的一致性。他说："《论语》多门弟子所集，故言语时有长长短短不类处。《孟子》疑自著之书，故首尾文字一体，无些子理庇。不是自下手，安得如此好？"又说："观七篇笔势如镕铸而成，非编辑可就。"

　　第二种看法与上说相反，认为《孟子》是孟轲死后他的门第万章、公孙丑共同记述的。这一说最早是唐代韩愈和张籍提出的，以后又有唐朱慎思、宋人苏辙等附和。不过他们没有进一步加以论证。清人崔述在《孟子事实录》中认为《孟子》中常举可疑的史事，"果孟子自著，不应疏略如是。"又注意到书中对孟子门人多以子称之，而独万章和公孙丑两人例外。他说："七篇中于孟子门人多以子称之，如乐正子、公都子、屋庐子、徐子、陈子皆然，不称子者无几。果孟子自著，恐未必自称其门人皆曰子。细玩此书，盖孟子门人万章、公孙丑等所作，故二子问答之言在七篇中为最多，而二子在书中亦皆不以子称也。"

第三种看法认为《孟子》是万章、公孙丑共同记录，又经乐正子、公都子、屋庐子和孟仲子等人编次。其论证的关键处在于对乐正子等人称子，而万、丑等例外这一现象的不同解释。

第四种看法认为《孟子》的写作有万章等人的辅助，但主要作者还是孟轲，而且在孟轲生前已基本完成。司马迁的观点大抵如此。

以上几说都有一定的道理，有些论证相当有力。现在有的学者提出较为折中的看法，认为《孟子》乃孟轲与其弟子万章、公孙丑之徒难疑答问之论辞，由万、丑记述，经孟轲本人润饰删定，孟轲死后又由其门第子叙定。此说成立，则可使他说据以提出疑难的疑点都说得通。

疑云密布的嫦娥奔月

　　美丽而令人遐想的嫦娥奔月神话，历经流传演变，早已成为我国传统的赏月拜月习俗中最具魅力的部分。但是，早期文献对这个神话的记载都很简略，甚至互有分歧。所以，这个神话究竟是怎样产生与形成的，它的原始含义是什么，直到现在还是一个争论不休的问题。

　　传统的看法，多认为嫦娥奔月的神话可能在战国以前就已经形成，比较可靠的证据见《文选·祭颜光禄文》注引《归藏》："昔嫦娥以西王母不死之药服之，遂奔月为月精。"又见南朝梁刘勰《文心雕龙·诸子》："《归藏》之经，大明迂怪，乃称羿毙十日，姮娥奔月。"据学人考证，这部最早记载"嫦娥"或"姮娥"奔月故事的《归藏》，大约成书于战国初年，后逸。此外，汉末张衡所著《灵宪》中，对这段神话进行了更加详细的记述，大意是羿从西王母处讨来不死之药，其妻姮娥准备偷服奔月，并先请有黄占卦此行吉凶。有黄说是吉卦，"姮娥遂托身于月，是为蟾蜍"。依学者见解，这段文字也是从《归藏》转录的。由此看来，嫦娥窃药奔月并化为蟾蜍的神话故事，由记载这个故事的《归藏》的成书年代来推论，至少在战国以前就已经形成了。冯天瑜认为这其中值得玩味的信息之一，就是窃取不死药而独自吞服的嫦娥在这里成为被怨恨、被诅咒的对象，包含着神话创作者对她的贬义，所以这个神话显然是父权制社会的产物（《上古神话纵横谈》，上海文艺出版社，1983年）。

　　神话学专家袁珂也认为嫦娥奔月后变为蟾蜍是对其独吞灵药的自私行为的惩罚，表现出封建社会对妇女的偏见与歧视。但他又指出这个神话的起源可以追溯得更早：《山海经·大荒西经》载"有女子方浴月，帝俊之妻常羲，生月十有二，此始浴之"。从"生月"、"浴月"可以看出，这还是原

△ 嫦娥奔月图

始时代的神话，而嫦娥奔月神话便是从这个神话中演变而来的。其演变有两个途径：从神话到神话就是嫦娥奔月；从神话到历史就是《吕氏春秋·勿躬篇》所记叙的"尚仪作古月"。尚仪即常羲。所以，嫦娥的原型是古史传说中的天帝（即"帝俊"）的妻子常羲，她原本是月亮的主神，由于古代神话传说错综复杂的流传演变，才使她从帝俊之妻变成了帝俊属神羿之妻。至丁羿向西王母求灵药等新增情节所反映的"不死"思想，则是春秋战国时代神仙家言兴起以后才逐渐流传的思想，并不是生产力水平低下的原始社会所常见的思想。

万建中对嫦娥奔月神话原本意义的看法，与袁珂、冯天瑜的见解不同，其立论前提是把嫦娥视为远古时代某个氏族的首领或成员，并以为嫦娥奔月实际上是图腾变形神话，其中涵含着解释死亡起源的基本母题，充分展示了初民赤裸面对死亡的稚气而复杂的心态。他指出，图腾信仰认为一个人的生命既出自他所属的图腾物，所以这个人就禀有这图腾的特性，他既然生从图腾，那么他的死亡就是又回到他的图腾物去。这样，人的死亡就仅仅是个变形的故事。嫦娥氏族是以蟾蜍和月亮为联合图腾的，故嫦娥奔月化作蟾蜍，只是回到她的图腾物去，以她原本的生命样式继续生存。这种以变形图腾对生命死亡的解释，是对死亡现象作了恒常和固执的否定，而这正是初民最初的生命观。概括地讲，此说认为嫦娥奔月神话及其文化意涵，都是远古社会图腾崇拜的产物。

何新也同意嫦娥的原型就是《山海经》中所记载的月神常羲（常仪）。

但他又进一步指出：传说中女娲为阴帝，是太阳神伏羲的配偶，因此女娲正应当是月神。从古音上考察，娲所从之"呙"古韵隶于歌部，与我、娥同部。娲、娥叠韵对转，例可通用。所以女娲实际也就是女娥，即常仪，亦即嫦娥，是同一名号的不同写法，而且都是从太阳神"羲"的名号中分化出来。这种日神与月神相分化的神话，可能还反映了古人的一种宇宙天文学观念——认为月亮是太阳的分化物。而在后起的奔月神话中，嫦娥成为与女娲完全不同的另一个神，则是中国神话演化中的一个有趣现象。至此，嫦娥的原型不仅与母神女娲相复合，而且她的基因还可以从远古的日神"羲和"身上寻求。

赵国华对嫦娥奔月化为蟾蜍之神话的起源，又有独特的解释：远古人类发现，月亮由朔到望，再由望到朔，28天是一个变化周期。女性们发现自己的信水也是28天为一个周期。她们遂将信水与月亮联系起来，称之为"月水"、"月信"、"月经"。月亮的由亏到盈，再由圆到缺，还使女性进一步联想到自己怀胎后日渐隆起、分娩后重新平复的腹部。在初民将蛙（蟾蜍）作为女性子宫的象征之后，他们力图对月亮的盈亏圆缺作出解释。于是，他们想象月亮是一只或者月亮中有一只肚腹浑圆又可以膨大缩小的神蛙（蟾蜍），主司生殖。因之，初民又崇拜月亮，这就是月亮神话的起源和月中蟾蜍的来历。后来，由以蛙（蟾蜍）象征女性生殖器，发展出以蛙（蟾蜍）象征女性的意义。与此对应，由雌性的神"蟾"，演化出同音的月亮女神"嫦"（娥）；又由"蜍"演化出同音的月中之"兔"。"蟾蜍"一名析为二物，那兔又变成了嫦娥怀抱的玉兔，各种美丽的传说不断有后人编织出来。因此，嫦娥的原型便是初民幻想中的蟾蜍，而奔月神话则是从原始社会生殖崇拜观念中产生出来的。

上述各种看法，不仅把嫦娥原型及奔月神话之由来的各种可能性都揣测到了，而且也对隐含在这一神话中的原始文化意义提出了各自的解释。但是萦绕在这些问题上的谜疑之云，似乎并没有得到彻底廓清，反而显得更加浓厚了。

元宵灯节起源之谜

　　农历正月十五夜，是我国民间传统的元宵节，又称"灯节"。旧时习俗，这一天无论皇室贵戚、平民百姓，届时每家门前都高悬彩灯。入夜后，大街小巷人潮汹涌，万众聚观。时至今日，元宵张灯、观灯仍是我国人民喜闻乐见的民俗活动。

　　关于元宵灯节的起源，历来有种种说法。有人说是起源于古时候农家"照田蚕"的风俗。宋代诗人范石湖写过一首《照田蚕行》："农家今夜火最明，得知新发田蚕好。"据《昆山志》记载：元宵之夜，农家在长竹竿上挂一盏灯插在田间，观察火色以预测一年的水旱情况。火色偏红预兆旱，火色偏白则兆涝。并把点剩的蜡烛头收藏在床头，说是这样能给蚕桑生产带来益处，此风俗被称为"照田蚕"。后来"照田蚕"的人们制作的灯笼越来越精美，各种式样的彩灯不断涌现，逐渐"照田蚕"也就失去了其本身意义，而演变成"闹花灯"的娱乐活动。人们也普遍把它看做迎春祈福的美好节日了。

　　另有说元宵灯节是始于东汉明帝，与佛教传入中国有关。佛教教义中把火光比作佛之威神，佛教经典《菩萨藏经》中反复宣传："百千灯明忏悔罪。"每遇佛教盛会都要大明灯火。《僧史略》记载，佛祖释迦牟尼示现神变、降伏神魔是在西方12月30日，也就是东土的正月十五日，为纪念佛祖神变，汉明帝敕令正月十五佛祖神变之日燃灯。他还亲自到寺院点灯，以表示对佛的尊敬。此后，元宵张灯便蔚然成风。

　　还有人说元宵灯节是始于东汉时的道教。《岁时杂记》记载说，这是沿道教的陈规。道教把正月十五称为"上元节"，七月十五为"中元节"、十月十五为"下元节"，合称"三元"。并以三元配三官，即天官、地官和水官。说上元天官正月十五日生，中元地官七月十五日生，下元水官十月十五日生。正月十五是元宵节，乃上元天官赐福之日，所以要在元宵节这天张灯庆贺。最近又有人提出了一种新的看法。认为元宵灯节，最早起源于对火的崇拜，因为古人认为火能驱走所有的妖魔鬼怪。最先形成仪式活动的是"傩"，"傩"是一种持火

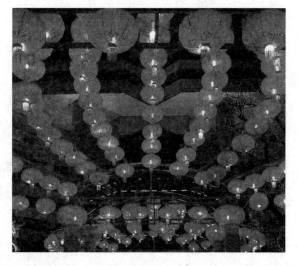

△ 元宵花灯

驱鬼的习俗活动，其原始形态可追溯到久远的上古时代。

　　在民间还有一个流传极广的传说，元宵灯节始于汉武帝。当时宫女们过年时特别思念家中的父母，但宫禁森严无法相见。足智多谋的东方朔想了一个办法。先散布谣言，说火神将派人火烧长安城，城内一片恐慌。东方朔向武帝献计，正月十五晚上把宫里的人都放出避灾。同时满城大街小巷都挂满红灯，好像满城大火，以此骗过在天上观望的火神。武帝允诺，宫女们趁机在元宵灯节之夜与家人团聚。从此，每逢正月十五都要张灯。也有人传说元宵灯节始于暴君隋炀帝，说他色迷心窍，非要娶自己的妹妹，妹妹强扭不过，托词说除非正月十五出现繁星落地的奇迹才可成婚。隋炀帝下令京城百姓每户都要点燃灯火，违令者斩。到了正月十五日晚，其妹登楼看见满城灯火，误认为真是繁星满地，遂纵身投河自尽。百姓们为了纪念这位不甘凌辱的女子，每逢正月十五晚都要燃起灯火。这些不过都是传说而已，并无文献可考。

　　元宵灯节在我国民间历代相传，它的起源虽然至今没有统一的认识，但其所带给人们的文化品位和娱乐氛围仍令人印象深刻。

清明节是怎么来的

清明节人们祭扫亲人陵墓，缅怀先辈；折柳插门，祈求吉祥；同时浸种育秧，春耕开始……然而这一传统节日究竟缘何而起？它的来历如何？研究者们却持各种不同说法。

"清明"起始于节气。早在汉代，人们就认为清明节起源于节气，由于日照、气温、降雨、物候等各方面反映了"清明"现象，所以它成了我国二十四节气中一个相当重要的节气。

节气俗演为节日。南朝梁代宗懔的《荆楚岁时记》上说："去冬节一百五日即有疾风甚雨，谓之寒食，禁火三日。"寒食在清明前两日，古人的寒食活动又往往延续到清明，久而久之，人们也将清明这一节气时日改称为清明节。今人罗启荣、阳仁煊在《中国年节》一书中提出，清明节包含两层意思：一是指节气；二是指节日。在二十四节气中，俗演为节日的只有清明。而清明之所以演变为节日，是由于介子推的故事缘起的。春秋时代，力助晋文公重耳复国的大臣介子推，功成身退，隐居绵山。为了逼迫介子推出山做官，文公于清明前夕焚山烧林，不料介子推宁愿抱树焚身，留下血诗一首："割肉奉君尽丹心，但愿主公常清明。柳下作鬼终不见，强似伴君做谏臣。倘若主公心有我，忆我之时常自省。臣在九泉心无愧，愿君清明复清明。"文公读罢遗诗，伤心之至，决定把绵山封给他，称为"介山"，还规定每年到了介子推被烧死的那天（清明前夕）都要严禁烟火，吃寒食，从此有了"寒食节"，或称"清明节"。这就是清明寒食的由来。

节日与节气同时起始。马宏智在《年节趣话》中指出：清明和寒食是两个不同的节日，由于日子相近，古代就有人误认为清明即是寒食。他认为，清明一开始就既是节日又是节气，"在遥远的周代已经流行了"。谢景福在

《清明节》中也说，早在周朝就有清明节焚火的制度，到了唐朝，又有皇帝取杨柳之火，赐近臣以顺阳气的做法。民国以来，又把清明节定为植树节。所以我国历来就有清明节扫墓、植树、耕作、换装的习惯。

又有观点认为，经历了相当长的历史演变过程才形成了清明节。现有研究者考证，清明，起初它表示天清地明的意思。相传大禹治水后，人们就用"清明"之语，庆贺水患已除，天下太平。商朝末年，纣王乱国，周武王起兵伐纣，牧野一战，大败商师，平治天下。为此，周朝在制定历律、确定二十四节气时，将三月节命名为"清明"，标志天地清朗明净，既明物候，又明政绩，届时焚火庆祝，春耕开始。到了东周末年，即春秋时代，晋文公因介子推而焚山，适值清明前两日，于是规定每年此时禁火寒食，由此产生了寒食节。当时，清明与寒食还是两个不同的节日。

到了秦代，秦始皇出寝起居于墓侧，后来汉承秦制，洛阳诸陵都以晦（初一）、望（十五）、二十四节气、伏、社、腊之日上饭。就是说，每逢初一、十五以及二十四节气等日子，都得去陵墓上祭奠，礼仪繁褥，劳民伤财。唐明皇开元二十年（732）公布了一道命令："寒食上坟，礼经无文，近世相传，已成习俗，应该允许，使之永为常式。"由于寒食与清明相近，清明又是历来"上饭"之日，所以寒食、清明统一称为清明节。同时，扫墓上饭，一般得踏步郊外，而清明时节，风和日暖，春草相绿，花香蝶飞，所以唐代起又开始了清明节"踏青"的风俗，又称之为"探春"、"寻春"。据《旧唐书》记载："大历二年二月壬午，（皇帝）幸昆明池踏青。"《武林旧事》记载："清明前后十日，城中士女艳妆饰，金翠琛璃，接踵联肩，翩翩游赏，画船箫鼓，终日不绝。"唐代诗圣杜甫也有"江边踏青罢，回首见旌旗"等名句。正是经过了历代承袭传扬，"清明"才在历史上正式形成中华民族的传统节日。

新娘为何用巾帕盖头

熟悉《红楼梦》的读者，都忘不了宝玉新婚之夜，在洞房中挑盖头的细节描写。盖头，也名头巾、罩红头等。一般用五尺见方的红色绸缎制成，四角缀以铜钱或其他饰物。新娘子在登上迎娶的花轿前，得先把此物罩在头上，四角自然下垂，盖住整个脸部，直到与新郎拜堂之后，才由一个夫妻双全所谓有"全福"之喜娘一类人物，在大庭广众间用秤杆挑去盖头，露出真容。据南宋吴自牧《梦梁录》卷二十"嫁娶"载，这一习俗在宋代已十分流行。也有将盖头一直罩到进洞房坐帐后，才由新郎自己动手挑去的。《红楼梦》中王熙凤的"掉包儿"之计所以能瞒过宝玉，就是使薛宝钗借盖头冒充林黛玉，让贾宝玉乖乖地同这个"蒙面人"行过拜堂、坐帐等礼仪。待"那新人坐了帐就要揭盖头时"，于是真相大白，一方"盖头"，把宝、黛"木石前盟"的爱情悲剧推向了高潮。

红巾盖头习俗的用意何在，传统礼典上从无记载，民俗学家则各有不同的解释。

一、禳解邪煞说。此说来源于一个古老的故事，早在元代就被搬上杂剧舞台，名曰《破阴阳八卦桃花女》。大意是：古代有位周乾，人称周公，善于卜卦，占算皆验。后占术屡为城东小桃树修炼成精的桃花女所破，周公遂设计陷害桃花女，假托媒人上桃花女家，为自己的儿子增福求婚。桃花女将计就计，答应婚事。周公挑选凶日为迎亲婚期，又布置各种恶煞变成树桩、怪石等物蹲在路边，欲侵袭新娘，置她于死地。桃花女叫人拿个筛子走在车前，自己用块红布将头脸罩住，又吩咐本家送嫁夫役，沿途凡遇有可疑的怪石、树桩等物，马上用红布盖住。原来恶煞最怕红布这类镇妖物，因此不敢接近花轿与新娘。于是，桃花女便得以顺利完成拜堂大礼，进入洞房，终使做公公的甘拜儿媳妇下风。

此事传开后，那些欲办喜事又恐恶煞侵袭的人家，都纷纷仿效桃花女的禳解办法。从此，新娘用红布遮盖头脸以及用筛子盖轿等习俗，蔚成世代流传的婚娶风情；甚至到现在，部分农村地区仍有在新房里悬挂筛子红布以解煞辟邪的。

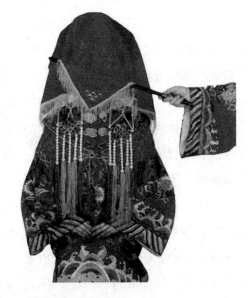

△ 新娘红盖头

二、降伏喜神说。此说也来源于民间传说。相传姜子牙佐周伐商成功后，奉元始天尊之命敕封众神，商纣王被封为天喜星，专管人间婚姻嫁娶的送喜。但纣王不改好淫贪色的恶习，送喜时但见新娘娇美，辄非礼之。老百姓非常气愤，向姜子牙告状。姜子牙教大家往后送新娘上轿前，先在头脸上蒙块红布，然后放起鞭炮。人们依言行事，纣王果然不敢再作恶了，只得老老实实地将新娘护送到男家。原来，姜子牙随周武王伐商时，是打着大红旗进入商都朝歌的，纣王不仅挨过姜子牙的神鞭，自焚死后还被割下脑袋，挂在红旗上。如今见新娘红巾遮面，又闻鞭炮声响，误以为姜子牙又打旗祭鞭来收拾他，邪念顿消。自此，盖头红布成了新娘降伏喜神、逢凶化吉的护身之宝，连同发轿时燃放鞭炮的规矩，一起流传下来。

三、抢婚遗迹说。此说认为红巾盖头是古代掠夺婚魄遗迹，即男方乘女子不备，将其关进箱笼或用布罩住头脸，驰马逃逸，用意是怕女了叫喊或被人看见，表现出掠夺婚的隐秘性。按秦汉古籍记载，当时"娶妇之家三日不举乐"、"婚礼不用乐"，以及婚礼概在黄昏时举行，都是这种隐秘性的体现，因为抢婚时一旦被人发现，则女方部落的前来闹婚夺人，势所难免。持此说者还以《易经·屯》中"屯如遭如，乘马班如，匪寇，婚媾"的记述为证，说明寇抢之婚确实存在过。

因时制宜说。此说引述唐杜佑《通典》卷五十九的追述，"自东汉魏晋及于东晋，咸有此事，按其仪或时属艰虞，岁遇良吉，急于嫁娶，权为此制，以纱縠蒙女氏之首，而夫氏发之，因拜舅姑"，便成婚礼。用白话讲，就是汉末魏晋年代，兵燹不断，灾祸流行，一般人家欲按传统礼仪像模像样地举办迎娶大事，却缺乏物质条件和安全感。所以或逢吉日良辰，便抓紧完婚，仪式也因陋就简，用块织物把新娘头脸裹上便算是一道标志性程序。合计汉末魏晋的时间，有数百年之久，足够积淀为后世承袭不辍的传统，但追本溯源，还是艰难时世的产物。

四、遮蔽羞涩说。此说源自中国传统的人类始祖神话，不仅在民间口耳相传，稗官野史上也常有记载。大意是：混沌初开时，世上只有伏羲、女娲兄妹俩。为繁衍子孙，女娲决定同兄长结为夫妻，但又自感羞耻，便假作为兄说媒，告诉他某时与一女子相合。届时女娲结草为扇，自障面孔，就此与伏羲结合，从此生儿育女，再相互成亲，人类便慢慢地繁衍起来。那片用蒲草编成的扇子，也演变为红布，表示天下男女本出一源，结合时仍得蒙上头脸，以遮羞耻。

至于新娘的"盖头"何以要用秤杆来挑，也有讲究：据说秤杆上标明斤两的星星，由天干地支配合而成，南斗六星，北斗七星，再加上福、禄、寿三星，恰合十六之数（旧制十六两为一斤），用以挑盖头则大吉大利。

其实，用纱巾之类将新娘颜面遮住送往男家的婚俗，并非中国人独有，也曾在世界上其他民族中流行。而关于其起源的种种解释，国际人类文化学界却尚未有一致认同的结论。

秦始皇真的焚书坑儒了吗

据史料记载，秦始皇灭掉六国以后，采取了一系列措施加强中央集权。公元前213年，秦始皇在都城咸阳与文武群臣及众儒生大排筵宴。宴会之上，众儒生围绕分封制和郡县制孰好孰孬的问题，发生过激烈争论。博士生淳于越等人主张恢复商周时代的分封制，丞相李斯等则赞同郡县制，并严厉指责淳于越等人"道古以害今"。淳于越等人不以为然。李斯遂向始皇帝进献《谏逐客书》，大力批驳儒生不识时务之后，建议焚书。

焚书的前后，秦始皇迷恋仙道，追求长生不老，派徐福、侯生、卢生等人四处寻求仙药。侯生与卢生等人未能找到仙药，心急如焚，又害怕受到惩罚。于是，他们咒骂了秦始皇一番，悄悄地逃走了。秦始皇闻讯十分恼怒，下令把诸生统统集中到都城咸阳，交给御史审查讯问，借以查出造谣惑众的侯生、卢生两人的行踪。诸生人人自危，为保全性命，只得相互推诿。秦始皇失去耐心，亲自圈定460余人，悉数坑杀。

这就是千百年来一直流传的秦始皇"焚书坑儒"事件的始末。可是，随着时间的推移，史料的丰富，历史学界渐渐对秦始皇"坑儒"产生了疑问，认为把焚书坑儒的罪过一股脑儿推给秦始皇的做法值得商榷。

从以上有关记载来看，焚书的决策确实是秦始皇做出的。关键是他焚书之后有没有"坑儒"呢？分歧就在这里。有相当一部分学者认为，从"坑儒"事件的起因看，秦始皇坑杀的460余人应该是方士，而非儒生。这是符合逻辑的。但相关历史资料显示：当时始皇帝的长公子扶苏进谏："众儒生都学习孔子的学说。"这样一来，秦始皇坑杀的这些人又像是儒生，或者说有相当部分儒生。

另外一部分学者则认为，应把秦始皇的"坑儒"视为"焚书"的继续，因为这两项举措均为了钳制思想、防民之口，所以被"坑"的这些人应该是儒生，而不是装神弄鬼的方士。他们的有力证据是东汉卫宏《诏定古文官书序》的相关记载：秦始皇焚书之后，儒生多愤愤不平。于是，他命人在骊山的温谷挖坑种植瓜果，这些瓜奇迹般地在冬季成熟。秦始皇以评论这种奇异现象为名，召博士诸生集于骊山观看。正当众儒生们说东道西，争论不休时，秦始皇趁机命令兵士突然填土埋之，700多名儒生全部被活埋在山谷中。根据这一点来看，秦始皇确实有过"坑杀儒生"的行为。

除以上两种观点外，研究正史的学者又有新说。他们认为，"坑儒"纯属子虚乌有，它应该是"坑方士"的讹传。史载，"坑方士"确有其事，它出现于始皇三十五年，原因就是侯生、卢生咒骂秦始皇并逃跑。这些学者分析指出，"坑方士"之所以讹传为"坑儒"，是因为当时的方士多兼通儒术，加之此前有焚毁儒书之举，后人由此附会，误把坑杀方士说成坑杀儒生。

这些学者强调，这不是说被杀的460多人中没有儒生，全是方士，也可能有一些倒霉的儒生由于为方士求情，而一同被裹挟其中。至于这些人被杀的原因则与儒家的政治主张和学派观点无关。所以即使被杀者有儒生，也并非因其为儒生而得罪，而是与方士们有某种牵连之故。因此绝无理由说秦始皇"坑儒"。

对于到底是坑杀了460余方士还是700多儒生，有的学者提出两者可能都是事实，或者说是前后两件事，即秦始皇集体坑杀文人可能不止一次。他们的理由是，秦始皇是一位典型的暴君，嗜杀成性，无论是方士找不到长生不老药还是儒生非议朝政，都有可能成为被坑杀的对象。这种观点有一定合理性，但揣测、臆断的成分比较多，有力证据不足。

尽管秦始皇早已背上"坑儒"的千古骂名，但直到今天，秦始皇究竟有没有"坑儒"这一谜团还是没有解开。

魏晋名士为何 "放浪形骸"

鲁迅先生曾经信得过一个名为《魏晋风度及文章与药及酒之关系》的演讲，在这个演讲中他旁征博引，幽默风趣地讲述了魏晋时期名士们"放浪形骸"的风度。中国历史上也只有魏晋时期的人才如此放狂，这到底是什么原因呢？

《世说新语》记载了两则关于刘伶的事，一是"刘伶病酒，渴甚，从妇求酒。妇捐酒毁器，涕泣谏曰：'君饮太过，非摄生之道，必宜断之。'伶曰：'甚善，我不能自禁，唯当祝鬼神自誓断之耳！便可具酒肉。'妇曰：'敬闻命。'供酒肉于神前，请伶祝示。伶跪而祝曰：'天生刘伶，以酒为名，一饮一斛，五斗解酲。妇人之言，慎不可听！'便引酒进肉，隗然已醉矣。"二是"刘伶恒纵酒放达，或脱衣裸形在屋中。人见讥之，伶曰：'我以天地为栋宇，屋室为裈衣。诸君何为入我裈中？'"

《晋书》记载："籍虽不拘礼教，然发言玄远，口不臧否人物。性至孝，母终，正与人围棋，对者求止，籍留与决赌。既而饮酒二斗，举声一号，吐血数升。及将葬，食一蒸肫，饮二斗酒，然后临诀，直言穷矣，举声一号，因又吐血数升，毁瘠骨立，殆致灭性。裴楷往吊之，籍散发箕踞，醉而直视，楷吊唁毕便去。或问楷：'凡吊者，主哭，客乃为礼。籍既不哭，君何为哭？'楷曰：'阮籍既方外之士，故不崇礼典。我俗中之士，故以轨仪自居。'时人叹为两得。籍又能为青白眼，见礼俗之士，以白眼对之。及嵇喜来吊，籍作白眼，喜不怿而退。喜弟康闻之，乃赍酒挟琴造焉，籍大悦，乃见青眼。由是礼法之士疾之若仇，而帝每保护之。籍嫂尝归宁，籍相见与别。或讥之，籍曰：'礼岂为我设邪！'"

由此可见，魏晋名士的放浪形骸的确是到了惊世骇俗的地步了。那么为什么他们要这么做呢？有的学者从以下几个方面做了分析。

东汉中期以后，我国历史上发生了两件震惊朝野的事情："太学清议"和"党锢之祸"。汉桓帝时，宦官把持朝政大权，北方少数民族不断入侵中原，致使整个社会动荡不安。一些太学生本着儒家思想的"兼济天下"和出于对朝政的关心聚集在京师，议论和品评朝政，想借此引起统治者的注意，促使开明政治的实施。这就是后世所说的"太学清议"。而清议的结果是太学生领袖李膺死在狱中，并且株连五族。这就是东汉历史上有名的"党锢之祸"。"党锢之祸"对太学生言行的打击非常惨重。由此，他们认识到对现实的关怀，会威胁到自己的性命，但是儒家思想的立身原则又使他们不愿意任人宰割。而后来到了魏晋时期，特别是司马氏掌权之后，朝廷更是昏庸残暴，滥杀无辜，当时许多太学生和名士都死在了司马氏的屠刀之下。越来越残酷的现实使名士内心的压抑和痛苦越来越深。所以，为了摆脱内心痛苦，他们不再谈论政治，关心时事，转而开始追求精神上的摆脱。

所以说，一些学者认为，魏晋名士们一方面谈玄论道，以求得精神上的解脱；另一方面则在道家思想影响启发下，对生死问题有了深刻的认识。精神上获得解脱了，参透生死了，所以便对一切事情都看得比较豁达，也就会做出一些异于常人的放浪形骸的事情。

另一种观点则认为，魏晋名士不是对世事的不闻不问，而是通过另一种方式来表态他们对现实的不满。比如，魏时执掌朝政的司马昭为他的儿子司马炎（也就是后来的晋武帝）向阮籍的女儿求婚。阮籍不想与司马氏合作，所以便用大醉六十天来逃避。晋朝人有七月七日晒衣服的习惯，所以阮氏贵族都拿出绫罗绸缎来炫耀，而阮咸则只挂出一条粗布短裤，以表示不屑"未能免俗，姑且如此"。

总之，魏晋名士的放浪形骸是在被逼无奈之后的一种逃避现实却又不得不关注现实的复杂表现。

梁武帝是否曾会晤过达摩祖师

梁武帝萧衍是中国历史上有名的笃信佛教的皇帝，曾经甚至一度达到了狂热的地步，以此颇令后世瞩目。而达摩祖师一生行迹充满了传奇色彩，他不远万里从印度来到中国，开创了中国历史上影响最大的一派佛教支脉——禅宗，为丰富中国文化做出了不可磨灭的贡献。传闻说达摩祖师初到中国时曾会晤过梁武帝，而且还因对其感到失望才又只身北上到少林寺。那么，这种传闻到底是真是假呢？

梁武帝（464~549），名萧衍，字叔达，南朝时期梁政权的开创者。其不仅富于出色的政治、军事才能，也是一位多才多艺、学识广博的大学者，尤其他还勤于著书立说，史书称誉其道："六艺备闲，棋登逸品，阴阳纬候，卜筮占决，并悉称善……草隶尺牍，骑射弓马，莫不奇妙。"中年以后他节制寡欲，虔诚于佛教，是佛教素食主义的开创者。527年，萧衍亲自到当时的同泰寺，做了三天的住持和尚，还下令改年号为大通，因

△ 梁武帝萧衍

此他便成为我国古代皇帝中唯一在位的和尚皇帝。他在位期间把佛教定为国教，而且在各地大力兴建佛寺佛堂，使得当时的佛教信徒遍布天下，自然也给社会带来了严重的负面效应。梁武帝笃信佛教简直达到了令人难以想象的程度，他不但自己是一位虔诚而狂热的佛教徒，还曾下令太子王公以下都拜

俗僧慧约为师，朝臣权贵中受戒为僧的人达五万人之多。他一生中更曾三次舍身到同泰寺自加苦行，舍身为奴，群臣以四万亿钱将他赎出，于是颇显得有些不可理喻的他便在后世留下了笑柄。

达摩祖师，全称菩提达摩，南天竺人，属出身高贵的婆罗门种姓，自称佛传禅宗第二十八祖。他一生富于浓郁的神秘色彩，536年卒于洛滨，葬熊耳山。他在中国始传禅宗，"直指人心，见性成佛，不立文字，教外别传"，经二祖慧可，三祖僧璨、四祖道信、五祖弘忍、六祖慧能等大力弘扬，终于到唐朝中期以后使得禅宗成为我国佛教影响力及规模最大的宗门，后人便尊他为中国禅宗初祖。

据一些古籍的记载，达摩祖师于520年由海路乘船到达广州，梁武帝听说有远方的高僧到来便立即命令地方官吏将其护送到都城建康（今江苏南京），于内殿亲自召见谈论佛理，梁武帝向他请教道："造寺度人，写经铸像，有何功德？"达摩祖师竟笑道："并无功德……此有为之善，非真功德。"双方"理不契机"，而梁武帝又颇为自负，最终双方不欢而散（见《历代法宝记》）。由于达摩祥法以"教外别传，不立文字"为特征，故对其祖师生平缺乏记载，又因后来禅宗内部派系纷争，各自渲染、夸张始祖事迹，流行的北宋道原所著的《景德传灯录》一书中，对达摩祖师生前活动又掺入了许多附会、杜撰的文章，其中对这次会晤也有许多渲染之辞。因此，梁武帝究竟有否与菩提达摩晤谈过，此事被列为禅宗"颂古百则"中的第一则公案，也成为中国佛教史上的一大疑案。

事情争执到今日，一种观点认为，历史上并无此事。持此说的该派学者主要有胡适、汤用彤，台湾的刘汝霖、印顺，日本的佐佐木宪德、字井、镰田茂雄等人。胡适在《菩提达摩考》和《书菩提达摩考后》两篇文章中说：据唐朝初年道宣所撰的《续高僧传》云，达摩"初达宋境南越"，此"宋境南越"系指南朝的刘宋王朝，故达摩来华最迟在479年以前；又据《续高僧传》卷十五《僧副传》所载达摩弟子僧副从师、南游和终卒年代推算，达摩约于470年左右来华，在华生活约五十年之久，他早于南齐时代在北方传道，此时梁朝还未建立，因此时间上不可能；又据《洛阳伽蓝记校注》卷一所载，达摩曾在洛阳瞻仰了当时有名的永宁寺，观后叹为观止，时间当是在该寺的全盛期间。而《洛阳伽蓝记》记有公元526年，该寺刹上宝瓶被大风刮落之事，此后又历遭兵灾，至公元534年毁于大火，故全盛期在516~526年间；而且，《续高僧传》和唐朝净党的《楞伽师资记》为叙述南北朝佛教大事的信史，其中均未见有梁武帝与菩提达摩晤见的记载；又，从日本最澄《内证佛法相承血脉谱》所引的《传灯记》、敦煌写本《历代法宝记》到宋悟明的《联灯会要》中，明显看出对这次会见的记载上有"演变的痕迹"，《景德传灯录》中更杂以许多虚妄之处，因此，认为这次晤谈的文字"全是后人伪造出来"的"谬说"，因此，胡适认为这次会谈纯属无稽之谈。

然而持不同观点的人则认为，历史上应该有过此事，该派学者主要以冯友兰、张岱年、孙述圻等人为代表。孙述圻针对胡适的论据阐述了自己的观点："初达宋境南越"中的"宋境南越"是泛指中国南方地区，是地域概念而非时间概念，该句意为"达摩起初抵达中国南方境内"，并非指刘宋期间抵华；《高僧传》收录了至519年之的名僧，其中却没有达摩之名；永宁寺于526年被大风刮落宝瓶后，马上被修复，兴盛期延续至公元534年才真正结束，达摩于526年前后参观该寺是可能的，这些文献均出自晚唐前人之手，他们比北宋之《传灯录》的可信度要大得多。而且，唐朝成书的《圆觉经大疏钞》和《师资众脉传》都载明，梁武帝曾制《菩提达摩大师碑》、《内证佛法相承血脉谱》、《宝林传》、《传法正宗记》、《全六朝文·梁武帝文》等古籍中均收录有此碑文，文中"见之不见，逢之不逢，今之古之"等语表达出梁武帝与达摩语不投机而失之交臂的悔恨心情。梁武帝死后，后世佛家弟子更把他列入五百罗汉之中。

还有一派学者，如任继愈、黄心川、林子青等人则认为上述两说均有可能。看来这场笔墨官司要持久地打下去了，仁者见仁，智者见智吧。

开腹手术是否为华佗首创

《三国演义》中有一个故事是华佗给曹操看病，华佗说他的病只能做开颅手术才能治好。而曹操根本没听说过这种医术，所以怀疑华佗是想借机杀他，于是大怒，并将华佗杀掉。而《三国志》上却有关于华佗给人开膛破肚治病的记载。那么开腹手术是不是华佗首创的呢？

《三国志》上记载说："若病结积在内，针药不能及，当须刳割者，便饮其麻沸散，须臾便如醉死，无所致，因破取。病若在肠中，便断肠湔洗，缝腹膏摩，四五日差，不痛，人亦不自寤，一月之间，即平复矣。这是人类最早的关于剖腹手术的纪录。过程跟现在的几乎相同。在范晔所撰的《后汉书·华佗传》中也有相似的记载。因此，很多人便认为华佗是开腹手术的首创者。曾时新在《杏林拾翠》、余慎初在其《中国医学简史》以及杜石然等主编的《中国科学史稿》中均持此说。

学者黄桦在文章中认为：华佗首创麻醉术和剖腹手术是符合历史事实的，这既是可能的，也是现实的。他论述了以下主要理由是：一、所谓印度古代"神医"，只是神话中人物，其高超的医术，自然不足信。印度第一部外科学专著《苏色卢多》里确实有不少外科方面的知识，但是这本书的成书时间却比华佗晚三百多年，因此，根本谈不上对华佗的影响。二、麻醉是行使剖腹手术的一个重要前提。没有麻醉剂，就不可能做剖腹手术。而华佗则是世界上中药麻醉剂——麻沸散的最早发明者。中外有关专家的考证，麻沸散的主药是曼陀罗花、草乌、当归、川芎、南星等，这些药物，大都主产于我国或者仅产于我国。三、不论华佗自己，还是他同时代的人，从来就没有提到过所谓的"印度神医"。四、我国的《周礼》一书，就有了关于外科手术的记载。所以，医学发展到华佗的时代是有可能积累起足够丰富的外科手术经验的。因此，华佗首创剖腹手术，应该说是顺理成章的事，并不是要从印度学习的。五、据拉瓦尔的《世界药学史》一书，可以得知："阿拉伯医学家知道用麻醉剂（进行手术），可能是从中国传出去的，因为，中国名医华佗擅长此术。"并且如果当时印度已有先进的医术传到中国，那为什么不同时或更早地传给邻近的阿拉伯国家呢？

也有人对此提出了不同的意见。他们认为，开腹手术首先要有麻醉剂，而华佗的麻沸散则是子虚乌有的。而与华佗同时代的另一位著名医学家张仲景在他的医学著作中也没有提及任何与麻沸散有关的事。宋代学者叶梦得也不相信在三国时代便已有开腹手术，他在著作《玉润丛书》中说："此（剖腹手术）绝无此理！人之所以为人者，以形，而形之所以生者气也。腹背肠胃既已破裂断坏，则气和由舍？安有如是而复生者乎？华佗能此，则凡受肢解之刑者，皆可使生。"

现代学者陈寅恪也认为，华佗没有如此高明的医术。他在《寒柳堂集》中说："断肠破腹，数日即差（痊愈），揆从学术进化之史迹，当时恐难臻此。"他认为，"华佗剖腹手术"只是比附的当时一个印度神话。这个神话说印度古代一名叫耆域的神医，会剖开肚子"扭转肝脏"，劈开脑袋"除诸虫"。因为华佗医术高明，又乐善好施，所以人们便将其神明化了。他还作了进一步考证认为，华佗名字中的"佗"字就是来自梵语。

还有另一种观点，学者万方在《医史研究三议》一文中认为：华佗是世界上第一个发明和使用麻醉药进行剖腹手术的说法与历史事实不符。据苏联彼得罗夫主编的《医学史》一书记载：早在奴隶制时期的古印度、古巴比伦、古希腊医学中，就有当时的医生应用植物作麻醉药的记载，其中用曼陀罗花作为外科手术的麻醉药，达一个世纪之久。关于剖腹术，在古代印度的佛经中也有许多记载，如：耆域从阿提梨宾迦罗学医，认识了很多药物。他精研解剖学，并能治疗人体脏腑中的各种疾患，而且还有许多他为人开腹做手术的记载。所以说，华佗虽然也会这一外科手术，但是却不是他首创的。

现在学术界对于华佗是不是开腹手术的"始作俑者"存在以上几种观点，并且各有各的道理。而事实如何却仍需要学者们作进一步的研究证明。

《太极图》之谜

神秘莫测的《太极图》，从古到今，让人们费尽了脑筋：它的作者是谁，至今仍是个难解的谜。下面介绍有关《太极图》来源的几种说法。

一、《太极图》古说

《太极图》又称《先天图》或《天地自然之图》，是中国上古文化中最神秘的一张图，也是众说纷纭、争论最激烈的一张图。

虽然《周易·系辞传》中已明确提出："易有太极，是生两仪。"但汉代以后所传的《周易》，都不曾附有《太极图》。直到宋朝道士陈博才传出《太极图》，并有"先天"、"后天"之分。后来北宋理学家周敦颐根据陈博所传的《太极图》，写了一篇《太极图说》，发挥了《周易》的观点，提出"无极而太极"的哲学思想。到朱熹撰写《周易本义》，才正式将《太极图》附在《周易》前面。他看出，离开了《太极图》，《周易》只是一部普普通通的占筮之书。根本够不上列群经之首。这其间，真正对《太极图》有精到研究的首推理学家邵雍。据他说，先天《太极图》为伏羲所画，后天《太极图》为周文王所作。并指出："伏羲之易，初无文字，只有一图矣寓其象数。而天地万物之理，阴阳始终之变具焉。"朱熹则认为《太极图》源自汉朝炼丹士魏伯阳的《周易参同契》。后来的易学大家胡谓也说："《太极图》取《参同契》之月体纳甲。二用三五，与九宫八卦混而一之也。"由此看来，《太极图》的一个间接来源是道教。似乎是没有太多疑问的。但是，它的源头在哪里呢，它是否真像《周易》和道教所说的那样，是伏羲所作的呢？

二、《太极图》今说

从《太极图》来看，具有浓厚的巫觋文化特征，能否进一步假设，《太极图》是中国上古巫觋文化的总纲、源头？因为《太极图》所显示的阴阳、消长、动变、灵性信息等特征，无一不是构成中国上古巫觋文化的基本特征。那么，《太极图》的真正源头在哪里呢？

三、《太极图》和伏羲

《周易·系辞传》中有一段十分重要的话："古者牛羲氏（伏羲）之王天下也，仰则观象于天，俯则观法于地，观鸟兽之文，与地之宜，近取诸身，远取诸物，于是始作八卦，以通神明之德，以类事物之情。"同时又指明，伏羲时代，还是"做结绳而为网罟，以佃以渔"的时代。从考古学上看，这时期尚处于迫于自然力量、穷于应付的原始部落状态。就是这样一个时代，怎么会有闲情逸致和技术手段去仰观天文、俯察地理，作如此玄奥的八卦太极图呢？这还得从伏羲的传说谈起。

伏羲，又写作伏栖、包羲、太昊、太皥等。《帝王世纪》中说他是"大昊帝包牺氏……继天而生，首德于木，为百王先。帝出于震，未有所因，故位在东方。主者，象日之明，是称为太昊。"

据今人考，伏羲的"伏"为表音字，按上古音应当读为"溥"，"溥"就是"伟大"的意思。所以伏羲也就是"伟大的羲"，而这位"伟大的羲"又正是先秦典籍中的东方之神（太阳神羲和），也就是说，伏羲实际上可能和太阳或者东方的某一星座有关。从史籍上看，伏羲又与龙有密切关系。《左传》上说："太昊氏以龙纪。"《拾遗记》也说："蛇身之神，即羲皇也。"正是从这一点上，我们找到了一个小小的突破口。

《史记·封禅书》记载："有龙垂髯，下迎黄帝。黄帝上骑，群臣后宫从上者七十余，龙乃上去。"据此，中国台湾飞碟研究协会会长吕应钟先生提出了"龙就是飞碟"的看法。的确，龙（不是生物学上的恐龙）这种过去被视为神话传说的动物，现在似乎应当重新认识。《说文解字》说龙是"鳞虫之长，能幽能明，能细能巨，能短能长。春分而登天，秋分而潜渊。"又解释"鳞"为"鱼甲"。现在看来。这种能暗能亮、能细能粗、能短能长而又披着硬甲的"龙"，和我们观察到的雪茄型飞碟非常相像。

就目前所见，在七千多年前仰韶文化的陶饰图案中就有人首蛇身的伏羲像。从文化人类学的角度看，上古文化符号（包括巫觋文化）大都是象征性的，列维·施特劳斯称之为"紧邻着感性直观"。因此，我们是否可以考虑，所谓伏羲"蛇身人首"不过是一个象征性表述。它暗示着伏羲是一种半人半神的生命体，是直接和"龙"（或许就是飞碟）有关的生命体。何况，伏羲的出生也是很神秘的。《史记·补三皇本纪》记载，他的母亲"履大人迹于雷泽"而后生下了伏羲，而且"有龙瑞，以龙纪官，号曰太师"。如果伏羲就是"伟大的太阳神"，而他又是乘着"龙"（飞碟）来到地球上，在传授了一些天文、地理知识以及一些神通（特异功能）后，由于上古民智未开，为了不使外星球高级文明失传，留下了一幅整合性的《太极图》让后人去破译。那么，今天我们看到《太极图》包罗万象的内容就不奇怪了。

四、《太极图》和天文学

《太极图》同中国古代的天文学可以说是一脉相承。中国古代天文学的理论基础是阴阳学说和五行学说。五行学说最早见于《尚书》，阴阳学说来源于《周易》和《太极图》。《淮南子·天文训》将阴阳原理对应日月星辰，认为阳气凝聚则生火，火之精者为日；阴气凝结为水，而水的精者就是月；所以又称日为太阳，月为太阴。至于星则是从日月溢出的气的结合物，它们由于禀受的阳精、阴精的分量不同而各异。以后，五行又配上五音、五色甚至五德，这就从天文发展到人事了。

这种以阴阳学说为基础的天文学理论和"天人相应"的理论体系。也就是《周易》所说的"观象于天，观法于地"、"近取诸身，远取诸物"的产物（可能是《太极图》以灵感信息的方式传达出来的）。这是巫术方法最重要的特征，它的整合性类比思维方式与气功、特异功能完全一致，但与以后建立起来的自然科学却完全不同。

另外，就《太极图》本身来看，阴阳两仪记录着地球由于自转和公转而产生的昼夜之象和四时之序。此外，地球公转的轨道平面和自转的轨道平面之间的交角（黄赤交角）为23°26′21″。而从《太极图》上看，阴阳两仪的S形螺旋体夹角，也正巧在23°左右。所以有人认为，太极的具体模式就是地球。

在上古交通闭塞、工具极端落后的情况下。怎么就已达到把地球作为一个模式来画图形的程度呢？这还得回到伏羲上来。《古今图书集成》上的一段记载说，"上古伏羲时，龙马负图出于阿……伏羲则之，以画八卦。"参考前述关于龙的假说。那么"龙马"也可能就是飞碟的象征表述。也就是说。一个与外星文明有联系的"伟大的羲"，凭借着"龙马"（飞碟）提供的数字密码和模型，才画出了八卦和《太极图》。

更有趣的是，在后世所传的一些修炼图谱中，《太极图》被转换成天文图，并将北斗七星安放在中心。从这一图谱看，我们这个世界以北斗星为天心。北斗星每年十二个月指遍四方二十八宿，历全年二十四个节气、七十二候、三百六十五日又四分之一日。所以，一些修炼气功的人，在采气时都必须遵照这一图示，面对北斗星所指的方向。这，是否从一种灵感信息上暗示着《太极图》的真正来源呢？

五、《太极图》和中医学

与天文学一样，《太极图》和中国古代医学结下了不解之缘。《黄帝内经》上说："生之本，本于阴阳。"由于《太极图》是"近取诸身"，所以阴阳之道也涵盖了整个中医领域，成为中国古代生命科学的基础。《周易·说卦传》指出："乾为首，坤为腹，震为足，巽为股，坎为耳，离为目，艮为手，兑为口。"把人身器官与《太极图》上的八卦相对应。而《内经》则进一步把人的脏腑、血脉与日、月、山脉、河流、海洋通过类比连在一起，形成了"人身小天地"和"自然大天地"合一的"无人相应"说。在这方面，中国医学史上留下了大量的图谱，是我们今天进行生命科学研究的珍贵资料。

今天有人根据《太极图》的八卦学说进行生命科学的研究，认为它包藏着人的年寿信息。从《太极图》看，人的正常寿命年限应当是119～148岁。进一步，以"生生之谓易"的哲理，结合《周易》六十四卦推论，得出人的寿命年限为384岁。前段时间。有人还通过先进的脑功能扫描技术——脑涨落图，对人脑进行扫描分析，得出的结果使人惊讶不已：人的大脑就是一张太极图案。

由此可见，《太极图》以简驭繁，无论在天文上还是在人体内，都表现出知识的高度凝聚性。这在上古时期是难以想象的。这种综合性的整体知识模型，唯一联系外星球的高级文明，才能找到一个较完满的解释。

六、上古文明抑或外星文明

目前的易学研究，仍然把《太极图》当做上古文明的产物。因此，主要的研究方向仍是放在历史的考证上。这就有一个问题无法解决：无论从中国医学、气功的原理还是当代天文学、物理等自然科学的发展来看，多有和《太极图》暗合的地方，因而能从《太极图》上得到印证，但《太极图》本身由于缺乏综合研究却不能发挥作用，直接促使我们目前的自然科学和社会科学出现突破。这无疑是由思维定向所造成的。现在面临两条出路：如果仅仅视《太极图》为上古村民的智慧，那就毫无神秘奥义可言，只能是历史学的研究对象；如果视《太极图》为某种神秘信息以巫觋文化方式的整合，那就有可能来自外星文明，那么，它就是"飞碟学"、自然科学（特别是综合性、边缘性学科）的研究对象。显然，前一条路是画地为牢，与事实也多有出入，因而不符合真正的科学精神。

现在的问题是，除进一步对《太极图》的来源做深入的历史考证外，还要转换思考角度，尝试着从外星文明的角度来研究《太极图》。从以往对《太极图》不完全的分析来看，对它的破译首先面临着一个问题可能就是知识的整合。而这正是目前飞碟现象所表现出来的一个重要特征。其实，目前自然科学的进一步发展也已经导致了知识的整合，如：耗散结构、协同学等。不过与《太极图》相比较，那是在较低的层次、较小的范围内的整合，也许，甚至是方向截然不同的整合。

尽管距离完全揭开《太极图》的谜底还很遥远，但是《太极图》的历史及其所显现的文明特征向我们指出了一条线索。能否尽早破译这个上古之谜，关键还在于我们的态度。